MINISTÈRE DES FINANCES

DIRECTION GÉNÉRALE DES CONTRIBUTIONS DIRECTES
ET DU CADASTRE

INSTRUCTION

SUR

LA CONSERVATION DU CADASTRE

SOUS LE RÉGIME DE LA LOI DU 17 MARS 1898

(20 août 1912)

PARIS

IMPRIMERIE NATIONALE

1912

MINISTÈRE DES FINANCES

DIRECTION GÉNÉRALE DES CONTRIBUTIONS DIRECTES
ET DU CADASTRE

INSTRUCTION

SUR

LA CONSERVATION DU CADASTRE

SOUS LE RÉGIME DE LA LOI DU 17 MARS 1898

(20 août 1912)

PARIS

IMPRIMERIE NATIONALE

1912

TABLE ANALYTIQUE

DES MATIÈRES CONTENUES DANS L'INSTRUCTION

Nota. — Les numéros renvoient aux articles de l'Instruction.

PREMIÈRE PARTIE.

PRINCIPES GÉNÉRAUX. — RÈGLES À APPLIQUER.

Chapitre Ier. — But de la conservation; agents qui en sont chargés; documents auxquels elle s'applique.

Chapitre II. — Notations à employer pour la conservation.

A. — *Propriétés non bâties et sols de propriétés bâties.*

Chapitre III. — Signes conventionnels à employer pour la mise à jour des plans.

Chapitre IV. — Opérations de terrain. — Formation des croquis.

Chapitre V. — Calcul des contenances et détermination des revenus des parcelles nouvelles. — Origine et composition de ces parcelles.

Chapitre VI. — Mise à jour des plans.

Chapitre VII. — Mode de rédaction des feuilles de mutation.

Chapitre VIII. — Application des mutations.

DEUXIÈME PARTIE.

ORDRE ET MODE D'EXÉCUTION DES TRAVAUX.

Chapitre IX. — Mesures préparatoires. — Réunion des documents à utiliser.

Chapitre X. — Travail du conservateur.

Chapitre XI. — Examen du dossier par le Directeur, transmission au contrôleur et au percepteur des pièces à utiliser pour la rédaction des feuilles de mutation.

Chapitre XVII. — Mesures transitoires.

Chapitre XVIII. — Comptabilité des dépenses de conservation.

————

TEXTE DE L'INSTRUCTION

NOTA.

———

Pour éviter des répétitions inutiles, on a fréquemment négligé d'indiquer dans les désignations cadastrales citées dans la présente Instruction la lettre de la section, que les opérations de conservation ne modifient jamais. A défaut de mention contraire, il s'agit toujours de la section A.

D'autre part on s'est souvent abstenu de renvoyer explicitement aux exemples fictifs qui font suite à l'Instruction et qui portent sur les parcelles ci-après :

Section A, n°s 1 à 36; 292 à 296; $\dfrac{321}{6.b}$, $\dfrac{322}{10}$.

Mais tous les cas prévus dans le texte, lorsqu'ils visent l'un de ces numéros, sont traités dans les exemples fictifs et les indications de l'exposé permettent de se reporter facilement auxdits exemples.

INSTRUCTION

SUR

LA CONSERVATION DU CADASTRE

SOUS LE RÉGIME DE LA LOI DU 17 MARS 1898

(20 août 1912.)

PREMIÈRE PARTIE.

PRINCIPES GÉNÉRAUX. — RÈGLES À APPLIQUER.

CHAPITRE PREMIER.

BUT DE LA CONSERVATION. — AGENTS QUI EN SONT CHARGÉS. — DOCUMENTS AUXQUELS ELLE S'APPLIQUE.

ARTICLE PREMIER.

La conservation du cadastre, sous le régime de la loi du 17 mars 1898, a pour objet :

Objet
de
la conservation.

1° De maintenir les plans cadastraux et les états de section, qui en forment la légende, en concordance avec la configuration du terrain;

2° D'assurer, au fur et à mesure des modifications survenues, la régularisation des comptes ouverts dans les matrices cadastrales aux divers propriétaires apparents dont l'existence a été constatée au moment du renouvellement du cadastre, et aussi

1.

d'une parcelle normalement traitée, de parcelles numérotées dans leur série avec un numéro *bis* ou un numéro *ter* ou enfin d'une parcelle ayant reçu hors série un numéro pris à la suite de la section. Dans ce dernier cas le numéro inscrit en dénominateur est celui de la parcelle la plus voisine de la parcelle considérée.

Ces diverses parcelles porteront dans la présente Instruction le nom de parcelles primitives. Ce sont celles qui existaient au moment de l'achèvement des opérations cadastrales.

ART. 8.

Conventions préliminaires. Définitions.

Tout changement de limites de propriétés, toute formation de parcelles nouvelles par réunion ou division de propriétés, toute création ou disparition de matière imposable entraîne la rectification ou la suppression de la désignation cadastrale des parcelles modifiées ou cessant d'être imposables et l'attribution d'une désignation de même nature à chaque parcelle devenue imposable qui en était précédemment dépourvue.

Dans l'exposé du système de notations à employer et des opérations à effectuer pour réaliser la conservation des divers documents cadastraux, on désignera sous le terme général de parcelles créées ou parcelles nouvelles toutes les surfaces qui, après une modification du terrain, formeront parcelles, suivant les dispositions des articles 26 à 65 précités de l'Instruction du 30 décembre 1910, dans des conditions différentes de celles constatées avant la modification. Par opposition, les parcelles supprimées seront les surfaces qui cesseront de former parcelles dans les mêmes conditions que précédemment, soit parce qu'elles auront été incorporées à de nouvelles parcelles, à la voie publique ou à un autre objet non imposable, soit parce qu'elles auront été divisées ou modifiées de manière à constituer des parcelles nouvelles.

En un mot, on appellera parcelle créée ou parcelle nouvelle toute surface à laquelle il devra être assigné une désignation cadastrale qu'elle n'avait pas auparavant ; l'expression parcelle supprimée s'appliquera au contraire à toute parcelle qui cessera d'être identifiée par le numéro (simple ou composé) qui la distinguait précédemment.

On remarquera que la question de savoir si une surface forme parcelle devra être résolue d'après l'état des lieux au moment des constatations à faire pour les travaux de conservation. Ainsi deux parcelles contiguës, ayant ou non même nature de culture à l'époque du renouvellement du cadastre et passant ultérieurement au nom d'un même propriétaire (1), continueront à constituer deux parcelles distinctes si, à l'époque de la mutation, elles ont des affectations culturales différentes. Elles seront au contraire réunies en une parcelle nouvelle unique si elles ont, lors des opérations de conservation, la même nature de culture, et si d'ailleurs elles ne sont pas divisées par des séparations matérielles (chemin public, mur, haie, ruisseau, fossé large et profond, etc..) ou par certaines limites conventionnelles invariables telles que les limites de sections ou de lieux-dits.

En ce qui concerne la limite des lieux-dits, il convient toutefois de ne pas pousser trop loin, dans les travaux de conservation, le respect du principe de son invariabilité. On admettra donc qu'une pareille limite suit, le cas échéant, dans son déplacement la limite de parcelles avec laquelle elle coïncide. (Voir dans les planches modèles les parcelles nᵒˢ 6.*a*, 6.*b*, 18.*a*, 19.*a*).

ART. 9.

La nouvelle désignation cadastrale de toute parcelle créée se compose de la lettre de la section dans laquelle ladite parcelle se trouve comprise et d'un numéro de plan déterminé suivant les règles qui sont exposées ci-après.

Les limites de la section formant toujours limites de parcelles, il n'y a pas lieu de prévoir le changement de la lettre indicative

Désignations cadastrales des parcelles nouvelles.

---

(1) Les propres de la femme séparée de biens, les paraphernaux de la femme dotale et les biens de communauté doivent être, à ce point de vue, distingués des propres du mari.

de la section dans laquelle se trouve une surface donnée, quelles que soient les modifications survenues dans la configuration du terrain. Toute parcelle conserve donc indéfiniment la lettre de section qui entrait dans sa désignation cadastrale au moment de la confection du plan.

ART. 10.

Numéro du plan.

Le numéro à assigner à une nouvelle parcelle doit obligatoirement différer de tous ceux qui ont déjà désigné dans la section les parcelles existant actuellement ou ayant existé à une époque quelconque depuis l'exécution des opérations cadastrales. Une désignation donnée identifie par suite une parcelle et une seule; elle ne peut plus être attribuée dès qu'elle a été utilisée une fois, alors même qu'elle serait depuis redevenue disponible.

ART. 11.

Mode de numérotage des parcelles provenant de terrains non imposables ne formant pas parcelle.

Une parcelle formée d'un terrain précédemment non imposé et ne portant aucun numéro reçoit celui qui fait suite dans l'ordre naturel des nombres au dernier de ceux qui ont été attribués aux parcelles de la section. On le complète sur les documents autres que le plan par le numéro, placé sous forme de dénominateur, de la parcelle la plus voisine de la parcelle nouvelle.

Dans une section composée de 320 numéros, la première parcelle créée pour l'imposition d'un terrain non cotisé et n'ayant pas antérieurement de numéro recevra la désignation $\frac{321}{6}$, si la parcelle limitrophe porte le numéro 6.

Quand la surface ajoutée à la matière imposable ne forme pas parcelle et se trouve simplement incorporée à une parcelle déjà existante, on procède comme il sera indiqué plus loin en ce qui concerne les parcelles agrandies par annexion. (Voir art. 14).

ART. 12.

Formation des numéros composés.

Au moment de l'achèvement des opérations cadastrales d'une commune les parcelles comprises dans les documents cadastraux, ou parcelles primitives, sont désignées, ainsi qu'il a été indiqué à l'article 7, par des numéros simples, tels que 67, 67 *bis*, 67 *ter*, $\frac{465}{32}$.

Pour le numérotage des parcelles nouvelles provenant d'une modification quelconque des parcelles anciennes, on utilise les séries illimitées de numéros composés formées par l'adjonction successive à chacun des numéros simples :

1° Des lettres de la série manuscrite italique ci-après :

$$a, b, c, d, f, g, h, j, k, l, m, n, o,$$
$$p, q, r, s, t, v, w, x, y, z.$$

2° Des lettres de la série :

$$a^2, b^2, c^2 \dots\dots\dots\dots\dots x^2, y^2, z^2.$$

3° Et successivement des lettres de la série suivante, obtenue en augmentant d'une unité l'exposant de la série précédente.

On ne perdra pas de vue que les lettres e, i, u, ne figurent pas dans ces séries et ne devront jamais être employées, afin d'éviter toute confusion entre les lettres e et o, i et c, n et u.

La lettre distinctive sera, dans chaque numéro composé, séparée du numéro simple par un point.

On voit par ce qui précède que chaque numéro simple pourra entrer dans la désignation d'un nombre illimité de parcelles sous la forme ci-après :

A. 32.

$$32 . a, \quad 32 . b, \quad 32 . c, \quad 32 . d \dots 32 . x.$$
$$32 . a^2, \quad 32 . b^2, \quad 32 . c^2, \quad 32 . d^2 \; . \; 32 . z^2.$$
$$32 . a^3 \dots\dots\dots\dots 32 . z^3$$

et ainsi de suite.

Les numéros composés seront utilisés dans l'ordre même ci-dessus indiqué pour leur formation. Ils ne pourront être attribués qu'une seule fois, alors même qu'ils redeviendraient disponibles (voir art. 10).

ART. 13.

Mode de numérotage des dérivées d'une parcelle divisée.

Lorsqu'une parcelle primitive est divisée en plusieurs autres, chacune des parcelles dérivées est désignée par un numéro composé formé du numéro simple de la parcelle composante et d'une lettre distinctive prise dans la série définie à l'article 12.

Ainsi la parcelle Section A, n° 2, donne naissance aux parcelles $2.a$ et $2.b$.

La parcelle 4 *bis*, divisée en deux parcelles, forme les numéros 4 *bis*.a, 4 *bis*.b.

L'établissement d'un chemin public traversant la parcelle n° 6 entraîne la création des deux parcelles $6.a$ et $6.b$.

Les 6 parcelles dérivées de la parcelle n° 292 s'appelleront $292.a$, $292.b$, $292.c$, $292.d$, $292.f$ et $292.g$.

Une parcelle $\dfrac{330}{42}$ divisée en trois donnerait lieu à la formation des trois parcelles dérivées : $\dfrac{330.a}{42}$, $\dfrac{330.b}{42}$, $\dfrac{330.c}{42}$.

Lorsque la parcelle à diviser a déjà subi des modifications et porte un numéro composé, le numéro simple compris dans ce dernier entre dans la désignation des parcelles dérivées. Il est complété par les lettres indicatives qui suivent la dernière de celles qui ont été employées avec ledit numéro.

Ainsi les 2 parcelles dérivées du numéro $292.c$ prendront les numéros $292.j$ et $292.k$, la dernière lettre distinctive précédemment employée avec le numéro 292 étant, d'après l'état de section, la lettre h. (Comme on l'a précisé plus haut, la lettre i ne doit pas être utilisée).

Le numéro $412.l$ étant divisé en 4 parties, on donnerait aux parcelles dérivées les numéros $412.a^2$, $412.b^2$, $412.c^2$, $412.d^2$, si la dernière lettre employée, lors des modifications précédentes, avec le numéro 412 était la lettre z.

ART. 14.

Toute parcelle agrandie par l'annexion soit d'une surface précédemment non imposée (alluvion, ancien chemin, etc.), soit d'une partie de parcelle contiguë, conserve son numéro, auquel il est adjoint la lettre distinctive *a*, s'il s'agit d'un numéro primitif.

Lorsque la parcelle agrandie a déjà subi des modifications antérieures et porte un numéro composé, on se borne à substituer à la lettre distinctive qui est comprise dans cette désignation la première des lettres de la série définie à l'article 12 qui n'a pas encore été employée avec le numéro simple à maintenir.

La parcelle n° 34 augmentée d'une partie de la parcelle contiguë, n° 21, prend la désignation 34.*a*.

La parcelle 19, à laquelle on a incorporé une partie d'ancien chemin et une fraction de la parcelle 18, prend le numéro 19.*a*.

Une parcelle 326.*d*, à laquelle on annexerait une fraction d'ancien chemin prendrait le numéro 326.*p*, si la dernière lettre précédemment employée avec le numéro 326 était la lettre *o*.

Mode
de
numérotage
des
parcelles
agrandies
par
annexion,

ART. 15.

Les règles exposées à l'article précédent sont également applicables au nouveau numérotage de toute parcelle dont la surface est réduite par suite de corrosion, ou de cession soit à la voie publique, soit à une parcelle voisine.

Ainsi la parcelle n° 21, diminuée d'une partie de sa contenance, qui est annexée à la parcelle contiguë, prend le numéro 21.*a*.

La parcelle n° 296 devient 296.*a* par suite de la cession d'une partie de sa surface à la parcelle voisine.

Une parcelle 329.*g* dont la contenance serait réduite par suite de cession à la voie publique prendrait le numéro 329.*i*,

Mode
de
numérotage
des parcelles
dont
la surface
est réduite.

si la dernière lettre distinctive précédemment employée avec le numéro 329 était la lettre *s*.

ART. 16.

Toute parcelle formée par la réunion de deux ou plusieurs parcelles primitives prend le numéro de la plus importante en contenance des parcelles composantes et la lettre distinctive *a*. On évitera toutefois, autant que possible, de faire entrer dans la nouvelle désignation créée des numéros de la forme 2 *bis*, 2 *ter*, $\frac{322}{10}$, en faisant, le cas échéant, abstraction des numéros de cette nature pour s'en tenir à ceux de la série normale.

Les numéros 3 et 7 réunis en une seule parcelle formeront la parcelle 7.*a*, étant donné que la contenance du numéro 7 est supérieure à celle du numéro 3.

Si on forme une seule parcelle avec les numéros 310 *bis*, 311 et 312 il y aura lieu, dans tous les cas, de négliger le numéro 310 *bis*. La nouvelle parcelle s'appellera 311.*a* ou 312.*a*, suivant que la contenance du numéro 311 sera supérieure ou inférieure à celle du numéro 312.

ART. 17.

Lorsque la parcelle nouvelle se compose d'une ou plusieurs parcelles primitives et d'une ou plusieurs parcelles ayant déjà subi des modifications, le numéro composé à lui attribuer comprend le numéro de l'unique ou de la plus étendue des parcelles primitives et la lettre distinctive *a*, sous réserve qu'on évite, comme dans le cas précédent, la reproduction des numéros de la forme 2 *bis*, 2 *ter* et $\frac{322}{10}$. Dans le cas où toutes les parcelles primitives comprises parmi les composantes se trouveraient désignées de cette manière, on ne tiendrait compte que des parcelles déjà modifiées et on appliquerait la règle prévue à l'article suivant.

Mode de numérotage des parcelles dérivées de plusieurs parcelles primitives.

Mode de numérotage des parcelles dérivées de parcelles primitives et de parcelles déjà modifiées.

La parcelle formée par la réunion des numéros 295 et 296 . *a* prend la désignation 295 . *a*, quelles que soient les contenances respectives des parcelles 295 et 296 . *a*.

S'il s'agissait de réunir en une seule les parcelles n°s 313, 314, $\frac{323}{314}$, 315, 316 . *f* et 316 . *d*, la parcelle résultante recevrait, avec la lettre indicative *a*, le numéro de celles des parcelles 313, 314 ou 315 qui aurait la plus forte contenance, quelle que fût d'ailleurs celle de la parcelle $\frac{323}{314}$.

ART. 18.

Mode
de
numérotage
des parcelles
dont toutes
les
composantes
ont
déjà subi
des modifi-
cations.

Quand toutes les parcelles entrant dans la composition d'une parcelle dérivée ont déjà subi des modifications, la désignation cadastrale de cette dernière se forme comme suit : abstraction faite des numéros de la forme 2 *bis* . *a*, 4 *ter* . *c*, $\frac{129 . d}{42}$, qui doivent autant que possible être négligés, on prend parmi les numéros des composantes celui qui a été le moins souvent employé antérieurement, c'est-à-dire celui qui figure à l'état de section, dans la désignation de la plus récente des parcelles le comprenant, avec la lettre distinctive la moins éloignée de la lettre *a*, origine de la série définie à l'article 12. A ce numéro on ajoute la lettre de ladite série qui suit la dernière avec laquelle il a été réuni.

En cas de concurrence entre deux parcelles ayant même lettre distinctive on choisit le numéro de celle qui a la plus forte contenance.

Ainsi la parcelle dérivant des numéros 292 . *f* et 294 . *a* s'appellera 294 . *b*, parce que le numéro 294 n'a été employé qu'une fois, alors que le numéro 292 l'a été cinq fois (voir l'état de section).

Si une parcelle était constituée par la réunion des parcelles Section *B*, numéros 325 . *c*, 326 . *d*, 327 . *f*, 328 . *g*, $\frac{501 . a}{328}$, on rechercherait, en faisant abstraction du numéro $\frac{501.a}{328}$, quelle est la dernière lettre distinctive avec laquelle chacun des autres numéros a été précédemment combiné. Supposons que l'état de section indique comme dernières parcelles formées avec les numéros en cause : $325.m$, $326.l$, $327.g$, $328.g$.

Les deux numéros 327 et 328 sont ceux qui ont été le moins souvent pris puisque leur lettre distinctive est celle qui occupe le plus faible rang de la série. On donnera donc à la nouvelle parcelle le numéro 327 ou le numéro 328, suivant que l'une ou l'autre des parcelles 327 ou 328 aura la plus forte contenance, en ajoutant comme lettre distinctive la lettre h qui vient immédiatement après la dernière (g) utilisée avec le numéro adopté (327 ou 328). La désignation de la nouvelle parcelle sera : $B.327.h$ ou $B.328.h$.

ART. 19.

Dans les différents cas visés aux trois articles précédents on a envisagé la formation d'une parcelle par réunion de plusieurs parcelles entières.

Or il arrivera aussi qu'en outre des composantes englobées en totalité dans la nouvelle parcelle, on y ait incorporé des parties de parcelles voisines. Quelle que soit la contenance de ces fractions, on fera abstraction des numéros dont elles sont affectées lorsqu'il s'agira de déterminer la désignation cadastrale à assigner à la parcelle dérivée.

Ainsi la parcelle résultant de la réunion des numéros 65 et 66 avec partie du numéro 67 et partie du numéro 68 ne pourra recevoir que l'un des numéros $65.a$ ou $66.a$, suivant que ce sera la parcelle n° 65 ou la parcelle n° 66 qui l'emportera sur l'autre en ce qui concerne la contenance. La distraction de surface opérée sur les numéros 67 et 68 entraînera naturellement un nouveau numérotage de ces parcelles ainsi réduites, suivant les règles exposées à l'article 15.

ART. 20.

Il pourra se produire enfin qu'une parcelle dérivée se trouve exclusivement formée de diverses parties distraites des parcelles voisines. On considérera dans ce cas la plus importante en contenance de ces fractions comme une parcelle principale à laquelle les autres parties sont annexées. L'ensemble prendra par suite la désignation cadastrale qui résultera pour cette fraction principale de la division de la parcelle dont elle faisait précédemment partie.

Soit par exemple une parcelle créée avec 3 ares du numéro 70, 6 ares du numéro 69.*b* et 10 ares du numéro 71.*f*. Ce dernier numéro, qui correspond à la plus forte contenance, doit être pris pour base de la nouvelle désignation. S'il a été divisé en 3 parties, qui seraient respectivement 71.*g*, 71.*h* et, pour la partie incorporée dans la nouvelle parcelle, 71.*j*, la parcelle dérivée devra être appelée 71.*j*, la lettre *h* étant la dernière de celles qui ont été employées avec le n° 71 avant la division dont il s'agit.

ART. 21.

La construction d'un bâtiment sur une parcelle n'entraîne pas la modification de la désignation cadastrale de cette dernière, lorsque la surface en cause continue à former une seule parcelle, d'après les règles formulées dans les articles 49 à 65 de l'Instruction du 30 décembre 1910.

Si au contraire l'établissement de la construction a pour effet de diviser cette surface en parties formant séparément parcelles, il y a lieu de procéder comme dans le cas prévu à l'article 13 et d'assigner une désignation cadastrale nouvelle à chacune des parties.

Comme on le verra plus loin (voir article 24), la propriété bâtie prend le numéro de la parcelle sur laquelle elle est édifiée.

Ainsi la construction élevée sur la parcelle n° 9 de la section *A* ne nécessite aucune modification de numérotage, parce que toute la partie de la superficie du numéro 9 non occupée par les bâtiments constitue une dépendance immédiate et nécessaire de la propriété bâtie.

Au contraire une écurie et remise imposable à la contribution foncière, construite sur partie du numéro 24, forme parcelle d'après les dispositions de l'article 57 de l'Instruction du 30 décembre 1910. Le sol de cette construction doit donc recevoir un numéro particulier, 24.*b*, dont l'attribution nécessite en outre la modification de la désignation cadastrale du surplus de la parcelle.

De même l'édification d'un atelier sur la parcelle n° 292.*h* de la section *A* motive la création de la parcelle 292.*l*, constituée par le sol de l'atelier, et fait prendre au reste de la parcelle le numéro 292.*m*. (La dernière lettre distinctive employée avec le numéro 292 avant cette modification était la lettre *k*.)

ART. 22.

Démolition de propriétés bâties sans changements dans la superficie.

La démolition d'une propriété bâtie n'appelle aucun changement dans le numérotage de la parcelle non bâtie qui supportait la construction, si toutefois cette parcelle continue à subsister dans les mêmes conditions en tant que superficie.

Par exemple la démolition du bâtiment rural compris sur la parcelle n° 29 de la section *A* ne comporte aucune modification de numérotage, puisque le sol du bâtiment continue à faire partie de la parcelle n° 29 à titre de cour. La démolition de l'atelier n° 30 n'a donné lieu non plus, au moment où elle a eu lieu, à la création d'aucune désignation cadastrale nouvelle, le sol n'ayant pas cessé de former parcelle distincte.

ART. 23.

Démolitions de propriétés bâties avec changements dans la superficie.

Lorsque, à la suite de la démolition d'une propriété bâtie, la parcelle sur laquelle cette dernière était édifiée se trouve divisée, modifiée dans sa forme ou annexée à une autre parcelle, il y a lieu de faire application des règles édictées en ce qui concerne les propriétés non bâties.

Ainsi, après la démolition de l'atelier n° 26 de la section *A*, le sol de ce bâtiment est incorporé à la parcelle n° 27 ; de ce fait, cette dernière prend le numéro 27 . *a*.

A la suite de la suppression de la construction élevée sur le numéro 11, cette parcelle se trouve réunie à la parcelle n° 12 : la parcelle dérivée s'appellera 12 . *a*.

B. — PROPRIÉTÉS BÂTIES.

ART. 24.

Toute construction doit être désignée par le numéro de la parcelle sur laquelle elle est édifiée. Quand l'établissement d'une nouvelle propriété bâtie entraînera des modifications dans la consistance des parcelles, on assignera d'abord à chacune d'elles une nouvelle désignation cadastrale en suivant les règles exposées aux articles 9 à 23 et on donnera ensuite à la construction le numéro du sol qui la supporte.

La maison élevée sur le numéro 9 de la section *A* prend le numéro 9, parce que la surface qui porte cette désignation continue à former une seule parcelle.

Au contraire la construction d'un atelier sur le numéro 292 . *h* a pour effet de créer deux nouvelles parcelles auxquelles on attribue les numéros 292 . *l* et 292 . *m* : l'atelier reçoit le numéro 292 . *l*, comme le sol sur lequel il a été édifié.

Le numéro 30, qui identifiait le sol d'un atelier, a continué à désigner cette parcelle, parce qu'elle n'a pas cessé de subsister au moment de la démolition de ce bâtiment. Ultérieurement on a construit un nouvel atelier dont le sol englobe la plus grande partie du numéro 30 et une partie du numéro 32. De plus la cour formant dépendance nécessaire et immédiate de cet atelier s'étend sur le surplus du numéro 30 et sur une partie du numéro 32. Ces modifications ont entraîné la formation des divisions 32 , *a*

Maintien
de
la concordance
entre
le numéro
du sol
et celui
de l'élévation.

et 3o.*a*. La nouvelle construction a été désignée, comme la parcelle sur laquelle elle est bâtie, par le numéro 3o.*a*.

ART. 25.

Modifications
dans
la consistance
des propriétés
bâties :
leurs effets
au
point de vue
du
numérotage.

Une modification quelconque dans la consistance d'une propriété bâtie (agrandissement, démolition partielle, etc.), n'exige de changement dans la désignation cadastrale de cette propriété, qu'autant qu'elle a entraîné l'attribution d'un nouveau numéro à la parcelle formant le sol de la construction. C'est alors ce numéro qui est assigné à ladite construction.

On attribuera également, même en l'absence de toute modification de la construction, à la propriété bâtie édifiée sur une parcelle dont la désignation cadastrale est changée, le nouveau numéro du sol.

Ainsi une maison construite sur le numéro 32o de la section *B* et à laquelle on ajouterait un étage ou une aile, conserverait le numéro 32o si la parcelle 32o ne changeait pas de forme ou de dimensions; elle prendrait le numéro 32o.*a* si la parcelle 32o devenait 32o.*a* par suite d'une modification quelconque.

La maison *B*.41o deviendrait 41o.*a*, sans avoir été l'objet d'aucun changement, si la parcelle 41o prenait la désignation 41o.*a*, par suite, par exemple, de la cession à la voie publique d'une partie de sa contenance.

CHAPITRE III.

SIGNES CONVENTIONNELS
À EMPLOYER POUR LA MISE À JOUR DES PLANS.

NOTA. — Les exemples cités dans le texte sont représentés dans les modèles de plans de conservation faisant suite à la présente Instruction. (Planches n° 1 et 2.)

ART. 26.

Figuration
des nouveaux
détails.

Tous les détails à figurer sur le plan pour le tenir au courant des modifications survenues sont représentés d'après les règles fixées et à l'aide des signes conventionnels prévus par l'Instruction du 30 décembre 1910 pour l'exécution des travaux de renouvellement du cadastre (voir notamment les articles 239, 241, 242, 243, 244, 245, 246, 248 de ladite Instruction et les planches-modèles nᵒˢ 2, 3, 4 et 6 qui y sont annexées).

Toutefois les tracés définitifs sont exécutés non à l'encre de Chine, mais à l'encre rouge *indélébile* et les lignes de construction ne sont pas mises au trait.

On tiendra compte en outre des prescriptions particulières ci-après formulées, quand les nouveaux détails devront être figurés sur l'emplacement d'autres détails dont la représentation conventionnelle a été annulée par les signes réglementaires.

ART. 27.

Le trait représentatif d'une limite supprimée est annulé par un nombre convenable de petits traits perpendiculaires à la limite tracés à l'encre verte *indélébile* et d'une longueur d'un millimètre. Une flèche rouge traversant le trait annulé rattache en outre toute parcelle ou fraction de parcelle ancienne ne portant plus de numéro à la partie de la parcelle dérivée dans laquelle se trouve inscrit son nouveau numéro.

Voir Section *A*, parcelles nᵒˢ 3 et 7 réunies en 7 . *a*; nᵒˢ 4 *bis* . *a*, 4 *bis* . *b* et 5 réunies en 5 . *a*; partie de la parcelle nᵒ 21 annexée à la parcelle nᵒ 34, devenue 34 . *a*.

Les bornes supprimées sont annulées par un des traits verts employés pour indiquer la suppression de la limite passant par ces bornes.

Voir parcelles nᵒˢ 294 et 296, devenues 294 . *a* et 296 . *a*.

ART. 28.

Le rétablissement d'une limite précédemment annulée s'indique par l'adjonction, à chacun des traits verts indiquant cette suppression, d'un trait parallèle de même longueur tracé à l'encre rouge *indélébile* à un millimètre de distance du précédent. On annule la flèche de rattachement par deux traits verts.

Voir Section *A*, parcelles n^bs 35 et 36 réunies en 36 . *a* qui est ultérieurement divisée en deux parcelles 36 . *b* et 36 . *c*.

Une nouvelle annulation de la limite après son rétablissement serait marquée par l'adjonction d'un nouveau trait vert; un nouveau rétablissement, par celle d'un nouveau trait rouge; et ainsi de suite, de telle sorte que si chaque groupe de traits en comprend un nombre pair, la limite subsiste; s'il en comprend un nombre impair, elle est annulée. Le nombre de traits de couleur verte est toujours dans ce dernier cas supérieur d'une unité au nombre de traits de couleur rouge.

A titre exceptionnel il pourra arriver qu'on se trouve amené à figurer une limite qui, au moment du renouvellement du cadastre, avait été reconnue ne pas exister, bien qu'elle eût été tracée sur le plan, où elle avait été annulée par des traits transversaux à l'encre rouge (voir article 254 de l'Instruction du 30 décembre 1910 et parcelle n° 734 de la planche-modèle n° 6 annexée à ladite instruction).

Il suffira dans ce cas d'ajouter un trait vert à côté de chaque trait rouge transversal; cette notation constatera l'existence de la limite précédemment tracée à tort et la fera rentrer pour l'avenir dans la règle générale.

ART. 29.

Tout numéro de parcelle supprimée est biffé par un trait à l'encre verte. Il en est de même de toute inscription devant cesser de figurer au plan en raison des modifications constatées dans la consistance des propriétés (nom d'un chemin rendu à la culture, désignation d'un bâtiment démoli, etc.). Les numéros assignés aux parcelles nouvellement créées sont inscrits à l'encre de Chine, de même que toutes les désignations nouvelles qui doivent être portées au plan par suite des opérations de conservation (nom d'une voie publique, d'un canal, d'un chemin de fer nouvellement établis, etc.) [Voir planche n° 2.]

ART. 30.

Les teintes conventionnelles dont sont recouvertes sur le plan les superficies bâties, en exécution de l'article 243 de l'Instruction du 30 décembre 1910, sont annulées, en cas de démolition, par une teinte verte.

Voir Section *A*, nᵒˢ 11, 26, 30.

Il en est d'ailleurs de même dans tous les cas de démolition, quel que soit le mode de représentation conventionnelle de la construction : c'est toujours par une teinte verte qu'est indiquée la suppression des bâtiments.

Indication de la démolition des propriétés bâties.

ART. 31.

La superficie des propriétés bâties édifiées sur un terrain n'en comportant pas précédemment est recouverte d'une teinte carmin, s'il s'agit de propriétés particulières, et d'une teinte bleue, lorsque ces propriétés sont des bâtiments publics non imposables à la contribution foncière. Les ponts ne reçoivent aucune teinte. (Voir article 243 de l'Instruction du 30 décembre 1910 et planches-modèles nᵒˢ 2 et 7 y annexées. Voir aussi Section *A*, nᵒˢ 9 et 292 . *l*, planche nᵒ 2 annexée à la présente Instruction.)

Lorsqu'une propriété bâtie est construite sur tout ou partie de l'emplacement d'une construction précédemment démolie, la superficie de la nouvelle construction est recouverte de hachures distantes d'un millimètre et inclinées à 50 grades sur la direction du mur formant la façade principale de l'immeuble. Ces hachures sont tracées à l'encre rouge.

Voir Section *A*, nᵒ 30 . *a*.

Si, après une nouvelle démolition du bâtiment, qui serait indiquée par une teinte verte, on avait à constater encore une construction sur le même emplacement, on recouvrirait la superficie bâtie de hachures rouges parallèles au mur en formant la façade principale et distantes d'un millimètre.

Figuration des constructions nouvelles.

Il n'est pas à prévoir que des modifications semblables se succèdent fréquemment sur la même parcelle. On pourrait en tout cas arriver à représenter distinctement un assez grand nombre de situations différentes en alternant le sens des hachures employées.

ART. 32.

Les additions de construction et les démolitions partielles sont respectivement traitées, en ce qui concerne la partie ajoutée et la partie supprimée, comme des constructions nouvelles ou des démolitions, lorsque les modifications dont il est question ont pour effet de changer le contour extérieur de la propriété bâtie, tel qu'il est projeté sur le plan.

S'il s'agit au contraire d'additions ou de suppressions d'étages n'apportant aucun changement à la projection du bâtiment sur le plan horizontal, il n'y a évidemment rien à modifier au dessin du plan cadastral.

Figuration les additions d'i construction et des démolitions partielles.

CHAPITRE IV.

OPÉRATIONS DE TERRAIN. — FORMATION DES CROQUIS.

ART. 33.

Règles générales d'exécution.

Le conservateur effectue sur le terrain tous les mesurages nécessaires pour reporter ultérieurement sur le plan la nouvelle configuration des parcelles modifiées; il se conforme d'une manière générale pour les opérations de lever et la formation des croquis aux prescriptions de l'Instruction du 30 décembre 1910 relative à l'exécution des travaux de renouvellement du cadastre. (Voir notamment les articles : 199, 200, 201, 205, 206, 208, 209, 210, 211, 212, 213, 214, 218, 219 [1er alinéa], 220, 222 [1er et 3e alinéas], 223 et 224).

Les tracés et les inscriptions de cotes sont toutefois faits à l'encre rouge *indélébile*.

ART. 34.

Les croquis d'arpentage sont dressés (voir art. 92) sur des calques du plan relevés avec le plus grand soin et présentant, à l'encre de Chine, la configuration ancienne des parties modifiées. Ces calques reproduisent, *au crayon dur*, le tracé des parallèles à la méridienne et à la perpendiculaire formant les carrés dans lesquels sont comprises les parcelles dont il s'agit.

On y figure également les parcelles limitrophes de la partie modifiée et les divers points fixes (points trigonométriques, bornes de toute nature, angles de bâtiments, etc.), qui se trouvent à proximité du terrain envisagé, de manière à pouvoir les utiliser, soit comme base de lever, soit comme vérification.

L'orientation du croquis est indiquée par une flèche et l'échelle du dessin est mentionnée au bas de la feuille (Voir planche n° 3).

ART. 35.

Les croquis de conservation ne constituent pas une simple feuille d'inscription des cotes : ils forment en quelque sorte la minute même du nouveau plan et ils doivent être utilisés pour le calcul des contenances. Il est donc nécessaire de les établir géométriquement et avec la plus rigoureuse exactitude.

Ces documents sont naturellement dressés à l'échelle du plan, puisqu'ils ont pour base un calque de ce dernier. Toutefois, dans les cas exceptionnels où cette échelle ne permettrait pas de représenter avec une suffisante clarté les nouvelles divisions du terrain, il conviendrait d'agrandir à une échelle convenable la configuration ancienne des parcelles et d'opérer sur le dessin ainsi obtenu. Mention de l'agrandissement et de la nouvelle échelle employée serait faite sur la feuille du croquis.

ART. 36.

Cotes
à relever
sur
le terrain.

Le conservateur relève sur le terrain et inscrit au croquis, non seulement les cotes nécessaires au rapport du plan et au contrôle de ses propres mesurages, mais encore la longueur de toutes les limites des parcelles, en vue de leur utilisation pour le calcul des contenances. Il se borne toutefois à mesurer les largeurs aux deux extrémités si, comme au cas d'un lotissement par exemple, il se trouve en présence d'un grand nombre de parcelles arrêtées de part et d'autre sur les mêmes lignes.

ART. 37.

Bases
des lignes
d'opérations.

Les lignes de construction nécessaires pour le lever sont, autant que possible, appuyées sur les points fixés matériellement marqués sur le terrain qui ont servi à l'établissement du plan primitif. Lorsque l'absence de points de cette nature ou leur trop grand éloignement du champ d'opérations ne permettront pas de suivre cette règle, il conviendra de s'assurer par tous les contrôles nécessaires que les lignes et points pris comme base sont définis avec précision sur le terrain et qu'ils n'ont pas subi de déplacement depuis le renouvellement du cadastre.

ART. 38.

Comparaison
des cotes
graphiques
avec les
dimensions
mesurées
sur
le terrain.

Avant de quitter le terrain l'opérateur s'assure que les longueurs mesurées concordent suffisamment avec les cotes graphiques prises sur le croquis ou celles qu'il y aura inscrites à l'encre noire au moment de la formation du calque, en les relevant sur le plan. Il tient compte, dans l'un et l'autre cas, des variabilités hygrométriques du papier. (Voir article 238 de l'Instruction du 30 décembre 1910.)

ART. 39.

A l'aide du calque et des cotes qu'il y a portées, le géomètre conservateur dresse à l'encre rouge sur la feuille même du croquis ou, s'il est nécessaire, sur une feuille annexée, le plan donnant la configuration nouvelle des parcelles avec tous les détails qu'elles comportent (bornes, haies, sentiers, fossés, bâtiments, etc.), mais à l'exclusion de toutes limites disparues ou modifiées. Le dessin doit représenter en un mot l'aspect actuel du terrain sans porter aucune trace de sa disposition antérieure. Les nouveaux numéros des parcelles y sont inscrits, ainsi que toutes les désignations que comporte normalement un plan (lieu dit, noms des chemins, cours d'eau, etc.). Enfin les dimensions des limites, telles qu'elles ont été relevées soit en exécution de l'article 36, soit pour les nécessités du lever, y sont reproduites; mais aucune ligne de construction, ni aucune des cotes exclusivement utiles pour le rapport du plan ne doit y figurer.

Ce dessin est établi dans tous les cas à l'échelle du plan. En sus du tracé à l'encre rouge ci-dessus défini il porte à l'encre noire celui des parcelles limitrophes ou tout au moins celui de leur amorce (Voir planche n° 3).

CHAPITRE V.

CALCUL DES CONTENANCES ET DÉTERMINATION DES REVENUS DES PARCELLES NOUVELLES. — ORIGINE ET COMPOSITION DE CES PARCELLES.

ART. 40.

Le géomètre conservateur calcule la contenance des parcelles nouvelles et des parcelles modifiées en se conformant aux règles tracées par les articles 268, 269 et 270 de l'Instruction du

30 décembre 1910. Toutefois il dispose ses calculs de manière à prendre comme facteurs, le plus souvent possible, les dimensions des limites directement relevées sur le terrain et inscrites au croquis (voir article 36).

ART. 41.

Cahier de calcul des contenances.

Les éléments et les résultats des calculs sont consignés pour chaque commune sur un cahier unique, conforme au modèle n° 19 annexé à l'Instruction du 30 décembre 1910, dans lequel on groupe toutes les parcelles à calculer, rangées par section et dans l'ordre des numéros du plan.

La désignation de la section est inscrite en tête de la partie du travail correspondante.

Le titre de l'état est convenablement modifié à la main.

ART. 42.

Invariabilité des contenances cadastrales.

Il convient de remarquer que, sauf le cas d'erreur matérielle dûment constatée et justifiée (voir art. 100), les contenances déterminées lors du renouvellement du cadastre ne peuvent être modifiées. Dès lors si une parcelle est divisée en plusieurs fractions qui forment des parcelles distinctes ou qui sont incorporées à d'autres immeubles, la réunion des contenances de ces diverses fractions doit reproduire exactement la contenance de la parcelle primitive, telle qu'elle figure à la matrice cadastrale et à l'état de section.

Il est de même indispensable que la contenance d'une parcelle nouvelle, dérivée de deux ou plusieurs autres, soit exactement égale au total des contenances cadastrales des parcelles composantes.

On ne négligera pas dès lors d'effectuer les opérations et calculs nécessaires pour s'assurer si cette concordance existe et, dans la négative, pour arriver à la réaliser.

Dans la pratique la comparaison des contenances calculées et des contenances cadastrales fera généralement ressortir une discordance. On s'assurera d'abord que cette discordance ne dépasse pas la limite de la tolérance admise par l'article 29 du Règlement du 27 février 1905 (voir Instruction du 30 décembre 1910, Annexes, page 188); si elle la dépasse, on revisera les calculs de manière à rectifier l'erreur commise.

Enfin lorsque la différence constatée aura été ramenée dans les limites admissibles, on la répartira entre les diverses fractions de parcelle proportionnellement à leur contenance, afin d'obtenir la concordance indispensable dont il vient d'être question.

Les contenances définitives ainsi déterminées seront substituées à l'encre rouge, dans la colonne 5 du cahier (mod. n° 19) dont la formation est prescrite à l'article précédent, aux contenances données par le calcul.

La vérification qu'assure la constatation de la concordance ci-dessus envisagée se trouve faire défaut lorsqu'une parcelle nouvelle englobe une surface précédemment non imposée. Pour éviter toute erreur dans ce cas il conviendra de procéder avec une attention particulière au calcul de la superficie des terrains devenus imposables et de déterminer deux fois cette superficie en employant des facteurs différents.

ART. 43.

Le principe de la fixité des évaluations cadastrales posé par l'article 37 de la loi du 15 septembre 1807 s'oppose à ce que les changements survenus depuis le renouvellement du cadastre dans les natures de culture et dans la valeur des propriétés puissent donner lieu à aucune modification de leur classement initial, sous réserve toutefois des réductions prononcées par le Conseil de Préfecture dans les cas prévus par la législation et la jurisprudence.

Dès lors toute surface, quelle que soit son affectation culturale actuelle, doit conserver, avec la désignation de sa nature de culture et de sa classe primitives, le revenu imposable qu'elle avait à l'origine. Il suit de là que le revenu à assigner à une parcelle dérivée représente exactement la somme des revenus des composantes de ladite parcelle.

C'est au conservateur qu'il appartient de déterminer d'après cette règle le revenu imposable de toute parcelle créée. Lorsqu'il aura, à cet effet, à calculer le revenu d'une fraction de parcelle divisée, il l'obtiendra par les procédés ci-après, tracés par l'Instruction générale sur les mutations :

1° S'il s'agit d'une parcelle d'une seule classe, en multipliant la contenance de chacune des fractions par le prix attribué à la classe de la parcelle dans le tarif des évaluations placé en tête de la matrice cadastrale.

2° Si la parcelle à diviser comprend plusieurs classes, en répartissant le revenu total proportionnellement à la contenance de chaque fraction, sans tenir compte de l'existence de plusieurs classes.

Toutefois, si les parties s'étaient entendues pour adopter un autre mode de répartition du revenu total, rien ne s'opposerait à ce qu'elles reçoivent satisfaction, sous réserve que leur accord soit constaté par leur signature et qu'en outre il respecte la prescription suivante de l'Instruction générale sur les mutations : dans aucun cas le revenu attribué à chacune des portions d'une parcelle divisée ne peut-être supérieur à celui que donnerait l'application du tarif de la classe la plus élevée, ni inférieur à celui qui résulterait de l'application du tarif de la classe la moins élevée de la parcelle.

Dans l'hypothèse où la division d'une parcelle précédemment formée de plusieurs composantes aurait pour effet de rétablir la situation qui existait à l'époque de la formation des documents cadastraux, le revenu à assigner à toute parcelle ainsi reconstituée serait celui qu'elle avait à l'état de section antérieurement à la première modification dont elle a été l'objet (voir parcelles nᵒˢ 36.b, 36.c).

Il va de soi qu'on devra s'assurer en tout état de cause que l'addition des revenus partiels reproduit le revenu total précédemment assigné à la parcelle.

Lorsque le conservateur se trouvera en présence d'un terrain qui n'est pas encore imposé, il le rangera provisoirement, d'après sa nature de culture actuelle et sa qualité, dans une des classes du tarif des évaluations figurant en tête de la matrice cadastrale et lui appliquera le revenu correspondant. Il appartiendra au contrôleur de faire ultérieurement approuver ou modifier ce classement par les Répartiteurs. (Voir art. 46 et 119.)

ART. 44.

La composition des nouvelles parcelles tant en contenance qu'en revenu est constatée par le conservateur dans un état (mod. n° 1) dont le mode de rédaction sera précisé plus loin (voir art. 100). Cet état, qui sert d'abord à prouver l'exactitude du travail, sera ultérieurement utilisé pour la mise au courant de l'état de section.

Constatation de la composition des nouvelles parcelles.

CHAPITRE VI.

MISE A JOUR DES PLANS.

ART. 45.

La mise à jour des plans est effectuée par les soins du Directeur des Contributions directes en ce qui concerne la copie conservée dans ses bureaux et par le conservateur en ce qui touche l'exemplaire déposé à la mairie. Le travail est opéré à l'aide des croquis d'arpentage.

Règles à suivre pour la mise à jour des plans.

Le dessinateur n'omet pas de faire, entre les cotes graphiques relevées sur les plans et celles résultant du chaînage, toutes comparaisons utiles pour s'assurer que les discordances ne dépassent pas la limite des tolérances fixées par l'article 24 du

Règlement du 27 février 1905. Il se conforme à cet égard aux prescriptions de l'article 238 de l'Instruction du 30 décembre 1910, notamment à celles qui ont trait aux variations hygrométriques du papier ; il répartit enfin proportionnellement sur les dimensions envisagées les écarts reconnus admissibles.

Le conservateur ayant opéré une semblable vérification au moment de l'établissement du croquis (voir art. 38), il n'y a pas à prévoir qu'il doive subsister des discordances inadmissibles. Si le cas venait exceptionnellement à se présenter, l'application du croquis serait ajournée et ce document serait communiqué au conservateur lors de la plus prochaine tournée, avec une note explicative, pour être revisé sur le terrain.

Les détails nouveaux et les modifications à constater sont figurés sur les plans conformément aux prescriptions contenues dans les articles 26 à 32 de la présente Instruction.

CHAPITRE VII.

MODE DE RÉDACTION DES FEUILLES DE MUTATION.

ART. 46.

Obligations du percepteur et du contrôleur.

Le soin de rédiger les feuilles de mutation dans les communes placées sous le régime de la conservation incombe aux percepteurs et aux contrôleurs dans les conditions fixées pour les communes ordinaires par l'Instruction générale sur les mutations. Mais ces agents auront à leur disposition, comme il sera indiqué au Chapitre XI, les résultats du travail préparatoire effectué par le conservateur et les annotations que ce dernier aura consignées sur les extraits d'actes translatifs de propriété. En principe, du moins en ce qui concerne les parcelles créées ou modifiées, leur participation se bornera à un simple travail d'écritures, puisque le conservateur aura assigné aux parcelles leur nouveau numéro et en aura déterminé la composition tant en contenance qu'en revenu par rapport aux parcelles anciennes.

Il conviendra toutefois que l'agent chargé de la rédaction de la feuille collationne avec celles de la matrice les indications portées en situation ancienne à l'état (mod. n° 1) et s'assure que, dans chaque cas, le total en contenance et en revenu des parcelles dérivées concorde avec celui des parcelles composantes, sous réserve des créations et suppressions de matière imposable.

Le contrôleur devra en outre faire approuver ou rectifier par les Répartiteurs le classement provisoire des parcelles de propriétés non bâties ajoutées à la matière imposable (voir art. 43 et 119) et faire procéder, dans les conditions ordinaires, tant à l'évaluation des propriétés bâties construites ou modifiées, qu'à la suppression de celles qui auront été démolies ou converties en bâtiment rural, ou auront cessé d'être imposables pour une raison quelconque.

ART. 47.

Le mode d'établissement des feuilles de mutation continuera à être régi par l'Instruction générale sur les mutations, qui demeure applicable, dans les communes soumises au régime de la conservation, en toutes celles de ses dispositions non contraires aux prescriptions ci-après.

Règles
générales
auxquelles
est soumise
la rédaction
des feuilles
de mutation.

ART. 48.

Dans le système général de mutations, tel qu'il est aujourd'hui pratiqué, une parcelle conserve toujours son numéro, de sorte que les indications à transcrire au folio de l'acquéreur sont rigoureusement identiques à celles qui doivent être radiées au folio du vendeur; on peut donc utiliser, tant pour l'inscription que pour la radiation, la feuille de mutation sur laquelle la parcelle est copiée une seule fois. Cette disposition suffit également pour remplir facilement les colonnes de renvois per-

Conditions
auxquelles
doivent
satisfaire
les feuilles
de mutation.

mettant de suivre la parcelle dans ses divers changements de propriétaire.

Au contraire, dans les communes où le plan est conservé, toute parcelle modifiée prend un nouveau numéro; elle doit de plus être toujours portée en une seule ligne au folio de l'acquéreur, alors même qu'elle se trouve composée de plusieurs parcelles ou fractions de parcelle figurant précédemment soit au même folio, soit à des folios différents. Chaque inscription à faire correspond donc à la radiation d'une ou plusieurs lignes qu'il est indispensable de pouvoir retrouvrer d'une manière certaine au folio des vendeurs; or il n'y a pas identité entre le numéro de la parcelle dérivée et ceux des parcelles composantes.

On se trouve dès lors amené à faire sur les feuilles de mutation une double inscription de chaque parcelle : d'une part, celle de la situation ancienne pour servir aux radiations, d'autre part, celle de la situation nouvelle, qui sera utilisée pour les inscriptions.

Mais il faut encore que la feuille de mutation réponde à une autre nécessité : celle de fournir les moyens d'inscrire à la matrice toutes les données permettant de suivre chaque parcelle dans ses diverses mutations. Or le système de renvois limité à l'indication du folio d'où la parcelle a été tirée et de celui où elle est passée devient insuffisant lorsque celle-ci change de numéro en même temps que de folio ou de ligne. Il est donc indispensable d'ajouter à l'indication du folio d'origine la mention du numéro sous lequel la parcelle y figurait, et à l'indication du folio de destination, la mention de la nouvelle désignation cadastrale sous laquelle la parcelle mutée y sera inscrite. La feuille de mutation devra être rédigée de telle sorte que l'agent chargé de l'application des mutations y trouve ces divers renseignements d'une manière facile et pour ainsi dire mécanique au moment même où il doit les utiliser pour servir les colonnes de renvois des matrices cadastrales.

ART. 49.

A cet effet il sera, dans les communes soumises à la conservation, fait emploi pour la rédaction des feuilles de mutation des propriétés non bâties de l'imprimé spécial (mod. n° 2).

Le cadre principal de la feuille se trouve divisé en deux parties correspondant l'une à la situation ancienne, l'autre à la situation nouvelle des parcelles à muter. La colonne destinée à la lettre de la section se trouve entre les deux parties. Cette indication est commune à la situation ancienne et à la situation nouvelle, puisque la lettre de la section ne varie jamais.

La colonne du lieu dit, sans intérêt en ce qui concerne la situation ancienne, n'est pas répétée dans la partie correspondante du cadre.

La colonne 1 est destinée à l'inscription du folio de la matrice cadastrale. Il convient de bien remarquer qu'il s'agit ici du folio de tête de l'article de matrice cadastrale intéressé, c'est-à-dire de celui qui définit ledit article d'après la terminologie en usage. Ce folio doit donc être le même que celui qui est inscrit dans le petit cadre relatif au vendeur à l'angle supérieur droit de la feuille, toutes les fois qu'il se rapporte à une parcelle à radier au compte de ce vendeur et transcrite complètement dans la partie situation ancienne du cadre. Si la parcelle envisagée figurait à un des folios auquel l'article de matrice a été continué, cette circonstance serait rappelée par la mention en dénominateur, au-dessous du numéro du folio de tête, du numéro du folio auquel la parcelle est réellement inscrite. Ainsi pour une parcelle appartenant au folio 325, mais figurant effectivement au folio 350, l'un de ceux auquel l'article 325 a été continué, on porterait dans la colonne 1 l'indication : $\frac{325}{350}$ (voir exemple fictif n° III, feuilles n° 5 et 7, parcelle n° 292.h; feuille n° 14, parcelle n° 296.a.)

La recommandation ci-dessus est essentielle, car les inscriptions de la colonne 1 sont destinées à être utilisées pour servir les colonnes de renvois de la matrice cadastrale et non pas seulement pour retrouver le folio dans lequel la parcelle doit être radiée; si on se bornait à y mentionner ce dernier, l'indication du folio d'où la parcelle est tirée ne serait plus faite, lors de l'application des mutations, conformément à la règle qui attribue à tout article de matrice cadastrale le seul numéro de son premier folio.

Quand il s'agit d'une inscription pour mémoire, limitée au numéro de la parcelle et au folio auquel elle appartient et qui, comme on le verra plus loin, n'est pas utilisée pour faire les radiations, il serait sans intérêt d'ajouter en dénominateur au numéro du folio de tête de l'article le numéro de celui, formant suite, auquel les parcelles sont effectivement inscrites, puisque cette indication, utile seulement pour retrouver la parcelle au moment de sa radiation, n'est pas reproduite dans les colonnes de renvois de la matrice. Cette addition ne sera donc faite, le cas échéant, que sur la feuille où la parcelle a été copiée en entier.

ART. 50.

Mutation
des parcelles
non
modifiées.

Les parcelles à muter sans que leur consistance soit modifiée et qui conservent par suite leur numéro sont transcrites dans les colonnes 7 à 13 de la feuille; le folio auquel elles appartiennent est rappelé dans la colonne 1 avec, s'il y a lieu, l'indication en dénominateur du numéro de celui des folios de l'article auquel elles sont inscrites.

La situation ancienne de ces parcelles étant identique à leur situation nouvelle, il n'y a pas lieu de la recopier dans les colonnes 2 à 6. Il est toutefois nécessaire que la contenance et le revenu correspondants soient compris dans les totaux des colonnes 3 et 6, qui doivent présenter pour chaque feuille les diminutions globales de l'article du vendeur, en vue de la rédaction ultérieure des états de situation, ancienne et nouvelle établis lors de l'application des mutations (voir art. 72).

À cet effet, on porte d'abord sur la feuille toutes les parcelles dont le numéro n'a pas changé et on les sépare des autres par un trait tracé en interligne sur toute la largeur correspondant aux colonnes 7 à 13. On totalise ensuite la contenance et le reve-nu desdites parcelles en ayant soin d'inscrire les résultats, non dans les colonnes 10 et 13, mais dans les colonnes 3 et 6. Le total général de ces dernières correspondra ainsi à l'ensemble des diminutions que subira l'article du vendeur par le fait de la radiation des parcelles figurant sur la feuille en cause.

(Voir les parcelles nos 292.g, 293, mutées du folio 3 au folio 1, feuille n° 8.)

«Quand la feuille ne comprendra que des parcelles non modi-fiées, il suffira de répéter dans les colonnes 3 et 6 les totaux donnés par l'addition des colonnes 10 et 13 (Voir mutation du folio 5 au folio 7, feuille n° 22).

ART. 51.

L'établissement des feuilles de mutation relatives aux parcelles modifiées a pour but de fournir, en vue de la mise à jour des écritures cadastrales:

1° En ce qui concerne les radiations, l'indication précise des parcelles à radier, celle des folios auxquels elles doivent être portées et la mention de la nouvelle désignation cadastrale qui leur a été assignée;

2° En ce qui a trait aux inscriptions, le libellé complet des éléments d'identification de chaque parcelle tels qu'ils doivent être transcrits au folio de l'acquéreur, et, en outre, les rensei-gnements propres à rappeler l'origine de ladite parcelle (folios d'où elle est tirée, numéros sous lesquels elle y est désignée).

Ainsi qu'il a été exposé à l'article 48, toute parcelle devra figurer sur les feuilles de mutation en situation ancienne, en vue de sa radiation, et en situation nouvelle, à l'effet d'être portée sous cette forme au folio de l'acquéreur.

ART. 52.

Toutefois il faut remarquer que la même feuille ne comportera pas toujours simultanément une situation ancienne et une situation nouvelle. Si on considère par exemple une parcelle formée de trois composantes venant de trois vendeurs différents, il est évident qu'elle ne devra néanmoins occuper qu'une ligne à la matrice cadastrale; d'où la nécessité de la faire figurer également en une ligne en situation nouvelle sur l'une des trois feuilles à rédiger pour opérer la mutation.

Les feuilles concernant les deux autres vendeurs ne pourront donc comprendre de situation nouvelle, sous peine de double emploi dans les inscriptions.

Dès lors une seule des feuilles rédigées servira à la mise à jour du folio de l'acquéreur, tandis que les trois feuilles seront nécessaires pour les radiations à faire aux articles des vendeurs respectifs.

ART. 53.

Mais aucune des trois feuilles ainsi préparées, considérée isolément, ne peut encore remplir l'objet en vue duquel elle a été créée. En effet, les deux feuilles ne portant pas de situation nouvelle n'indiquent pas le numéro sous lequel seront désignées dans leur état nouveau les parcelles qui y sont respectivement transcrites en situation ancienne. D'un autre côté, la feuille comprenant la situation nouvelle donne l'état ancien d'une seule des trois composantes de la parcelle dérivée.

Il faut donc compléter ces feuilles. Sur les deux premières on inscrira dans la colonne 8 le numéro correspondant à la situation nouvelle de la parcelle; en ce qui concerne la troisième feuille, on mentionnera dans les colonnes 1 et 2, sur les lignes suivant l'inscription de celle des composantes qui y figure, le folio du vendeur et l'ancienne désignation cadastrale des autres composantes de la parcelle nouvelle; ces renseignements seront pris sur les feuilles donnant la situation ancienne complète desdites composantes. Une accolade tracée entre les colonnes 6 et 7 réunira les diverses inscriptions en situation ancienne correspondant à une même situation nouvelle.

ART. 54.

On peut dès lors formuler comme suit la règle générale à appliquer pour la rédaction des feuilles de mutation relatives aux parcelles modifiées dans les communes soumises à la conservation.

Toute parcelle ou fraction de parcelle (1) à muter est inscrite en situation ancienne sur une feuille de mutation portant comme vendeur le contribuable imposé et comme acquéreur le nouveau propriétaire.

Dans la partie de la feuille intitulée situation nouvelle doit figurer sur la même ligne que la situation ancienne susvisée soit la situation nouvelle complète de la parcelle (col. 8 à 13), soit seulement son nouveau numéro (col. 8).

Toute parcelle à inscrire en situation nouvelle au compte d'un nouveau propriétaire est transcrite intégralement (col. 8 à 13) sur l'une des feuilles portant comme acquéreur ce nouveau propriétaire ; cette feuille peut être l'une quelconque de celles dans lesquelles sont vendeurs les contribuables au compte de qui figurent les diverses composantes de la parcelle nouvelle. Dans la partie situation ancienne de la feuille on doit toujours trouver, en regard de la situation nouvelle ci-dessus visée, soit la transcription complète de la composante unique de la parcelle, soit, réunies par une accolade, la transcription complète d'une ou plusieurs composantes (col. 2 à 7) et l'indication, sur les lignes successives de la colonne 2, des numéros de toutes celles des

---

(1) Y compris, le cas échéant, la fraction conservée par le propriétaire, qui est, dans ce cas, à la fois vendeur et acquéreur. La feuille correspondante est dite feuille de reste.

composantes, qui se trouvent transcrites intégralement sur d'autres feuilles, sans situation nouvelle en regard.

A chaque numéro de plan figurant dans la colonne 2 correspond dans la colonne 1 la mention du folio du vendeur, tel qu'il figure en tête de la feuille sur laquelle la parcelle désignée est transcrite intégralement. Au numéro du folio porté (col. 1) en regard de cette transcription intégrale on ajoute, lorsqu'il y a lieu, en dénominateur le numéro du folio auquel la parcelle est effectivement inscrite, quand l'article de matrice se compose de plusieurs folios. Cette mention supplémentaire n'est pas reproduite quand le numéro du plan et le folio du vendeur ne sont portés que pour mémoire dans les colonnes 1 et 2, les colonnes 3 à 6 restant en blanc.

Aucune parcelle ou fraction de parcelle ancienne, aucune parcelle nouvelle ne doit être transcrite intégralement sur plus d'une feuille.

Il va sans dire que les diverses parcelles passant d'un même vendeur à un même acquéreur doivent être groupées sur la même feuille.

Pour la justification de la mutation et les annotations diverses à consigner sur la feuille on se conforme aux prescriptions de l'Instruction générale sur les mutations.

ART. 55.

<table><tr><td>

Feuilles
de mutation
relatives
aux
propriétés
bâties.

</td><td>

Les feuilles de mutation relatives aux propriétés bâties sont rédigées par état ancien et état nouveau sur des feuilles du modèle ordinaire, suivant le mode suivi pour la constatation des additions de construction et des démolitions partielles dans les communes non soumises à la conservation.

Dans le cas où on aurait à faire figurer plusieurs parcelles sur la même feuille, on prendrait soin de les inscrire dans le même ordre à l'état ancien et à l'état nouveau et on porterait au besoin dans les marges de la feuille les annotations nécessaires pour que l'applicateur ne puisse ultérieurement avoir aucune hésitation

</td></tr></table>

sur la correspondance entre les inscriptions faites en état ancien et celles faites en état nouveau.

Comme cela se produit pour les propriétés non bâties, l'état nouveau pourra se composer uniquement de l'indication du nouveau numéro de la parcelle (voir feuille n° 5 [B], Section A, n° 24.a), de même que, dans la feuille portant l'état nouveau, l'état ancien devra comprendre, en outre de la transcription complète d'une des composantes, la mention du numéro de toutes les autres et celle de la case des vendeurs correspondants (voir feuille n° 3 [B]).

En un mot, toutes les règles édictées en ce qui concerne les mutations de propriétés non bâties sont applicables aux mutations de propriétés bâties ; seule la disposition des feuilles est différente : la situation nouvelle est placée au-dessous de la situation ancienne pour les propriétés bâties ; elle se trouve en regard de cette dernière pour les propriétés non bâties.

On ne perdra pas de vue qu'il y a lieu de rédiger une feuille de mutation uniquement destinée à modifier le numéro d'une propriété bâtie, lorsque, pour une cause quelconque, le sol sur lequel cette propriété est édifiée a reçu un nouveau numéro, sans que d'ailleurs la propriété bâtie elle-même ait été l'objet d'aucun changement. Ainsi que le prescrit l'article 24, toute construction doit en effet porter le même numéro que le sol sur lequel elle repose.

ART. 56.

L'application des principes généraux qui viennent d'être exposés se trouve réalisée, pour la plupart des cas susceptibles de se rencontrer habituellement, dans les exemples fictifs qui font suite à la présente Instruction. Il suffira de s'y reporter pour se rendre compte du mécanisme de la rédaction des feuilles.

Il convient toutefois d'examiner spécialement ici un certain nombre de ces exemples, dont quelques-uns fourniront l'occasion d'insister sur les points qu'il est nécessaire de préciser.

Renvoi aux exemples fictifs.

ART. 57.

Parcelle divisée entre deux acquéreurs.

Les feuilles n°s 15 et 16 présentent l'exemple de la mutation d'une parcelle passant à deux acquéreurs différents. (Parcelle Section *A*, n° 36.*a*, mutée de M. *Mallet* [folio 4] à M. *Maurou* [folio 5] pour une partie [36.*b*], et à M. *Saglan* [folio 6] pour l'autre partie [36.*c*]).

ART. 58.

Parcelle dérivée provenant de trois vendeurs.

Dans les feuilles n°s 7, 11 et 17 on voit l'inscription au nom d'un acquéreur d'une parcelle nouvelle formée de trois composantes provenant d'autant de vendeurs différents. M. *Dupont* (folio 7) a acquis de M. *Baron* (folio 2) la parcelle n° 4 *bis*.*a*; de M. *Lombrail* (folio 3) la parcelle n° 5 et de M. *Mallet* (folio 4) la parcelle n° 4 *bis*.*b*; il en a formé la seule parcelle n° 5.*a*.

Conformément à la règle, chacune des composantes est transcrite complètement sur la feuille correspondant à son vendeur. La parcelle dérivée ne figure que sur l'une des trois feuilles (n° 11); mais on a rappelé son numéro dans la colonne 8 de chacune des deux autres. De plus on a reproduit dans les colonnes 1 et 2 de la feuille où cette parcelle dérivée est inscrite le folio du vendeur et le numéro des deux composantes transcrites sur les feuilles n°s 7 et 17.

ART. 59.

Partie de parcelle incorporée à une parcelle déjà inscrite au nom de l'acquéreur.

M. *Mallet* (folio 4) a vendu à M. *Saglan* (folio 6) 1 are 54 de la parcelle Section *A*, n° 21. Cette contenance a été incorporée à la parcelle n° 34 possédée déjà par M. *Saglan*. D'après les règles exposées au chapitre II, la partie de la parcelle n° 21 conservée par M. *Mallet* prend le numéro 21.*a* et la parcelle nouvelle, formée par la réunion de la parcelle n° 34 et de 1 are 54 de la parcelle n° 21, est désignée par le n° 34.*a*.

Pour faire opérer cette mutation, on a rédigé trois feuilles :
1° la feuille de reste (n° 14), qui présente la situation ancienne
et la situation nouvelle de la partie du numéro 21 conservée par
le vendeur; 2° la feuille (n° 16) constatant la vente de 1 are 54
du numéro 21 par M. *Mallet* à M. *Saglan;* 3° la feuille (n° 25)
nécessaire pour effectuer la réunion du numéro 34 possédé déjà
par M. *Saglan* à la fraction du numéro 21 acquise de M. *Mallet.*
C'est dans cette dernière feuille que figure en situation nouvelle
la parcelle dérivée (n° 34.*a*). On voit dans le cadre situation
ancienne qu'elle est formée de 10 ares 13 du numéro 34, tiré du
folio 6, et de tout ou partie du numéro 21, venant du folio 4.

A la feuille 16 il n'y a pas de situation nouvelle en regard
de 1 are 54 du numéro 21, puisque cette contenance est comprise
dans les 11 ares 67 qui composent le numéro 34.*a* (feuille
n°25). On s'est borné à mentionner dans la colonne 8 que cette
surface de 1 are 54 formera à l'avenir tout ou partie du numéro 34.*a.*

Dans le cas ci-dessus visé, la situation nouvelle complète du
numéro 34.*a* pouvait être portée soit à la feuille n° 16, soit à la
feuille n° 25; si on avait choisi la feuille n° 16, c'est dans la
feuille n° 25 que les colonnes 9 à 13 seraient demeurées en
blanc; on n'aurait pas eu à porter le folio 4 et le n° 21 dans les
colonnes 1 et 2 de ladite feuille, mais par contre le numéro de
la composante 34 et le folio 6 auquel elle appartient auraient
été rappelés dans les colonnes 1 et 2 de la feuille n° 16 au-dessous
ou au-dessus de la ligne relative à la composante 21.

Bien que cette règle n'ait rien d'absolu, on inscrit généralement la situation nouvelle de toute parcelle dérivée sur la feuille
où est complètement transcrite la principale des composantes.

ART. 60.

Lorsqu'il y a lieu de faire entrer dans la matière imposable
un terrain précédemment non imposé, la feuille à rédiger pour
cet objet ne doit pas évidemment présenter de situation ancienne

en contenance et en revenu. On indique dans la colonne 1 l'origine de la parcelle par les lettres *V.P.* ou par le mot *Alluvion* et l'on consigne sur la même ligne, dans l'espace occupé par les colonnes 2 à 6, la mention sommaire de l'état antérieur du terrain à imposer (*chemin n°   , alluvion formée sur la rive de tel cours d'eau*, etc.).

En situation nouvelle, on porte, soit la totalité des indications relatives à la nouvelle parcelle (col. 7 à 13), soit seulement la section et le numéro (col. 7 et 8), lorsque l'annexion du terrain en cause à une parcelle existante a conduit à inscrire la parcelle résultante sur une autre feuille. Dans ce dernier cas, il est indispensable de compléter dans la colonne 14 les justifications d'usage concernant la modification des contingents et le mode de classement, par l'indication de la contenance, de la classe et du revenu du terrain nouvellement imposé. Ces données, qui sont confondues avec les données correspondantes de la parcelle résultante dans la feuille où cette dernière figure, sont en effet nécessaires pour la rédaction de l'état des augmentations et diminutions de la matrice cadastrale et le calcul de la modification des contingents.

Les feuilles n°ˢ 1 et 28, d'une part, n°ˢ 5 et 27, d'autre part, donnent des exemples d'impositions de cette nature (Section *A*, n°ˢ 19.*a* et 20.*a*). La feuille n° 29 est relative à l'imposition d'un terrain formant parcelle (Section *A*, n° $\frac{322}{10}$).

ART. 61.

Suppression des surfaces cessant d'être imposables.

La mutation des terrains à supprimer de la matière imposable donne lieu à la rédaction de feuilles dans lesquelles la partie du cadre relative à la situation ancienne est remplie dans les conditions ordinaires.

S'il s'agit d'une parcelle à retranscrire pour mémoire au folio de l'État, du département ou de la commune, on porte à l'encre rouge dans les colonnes 7 à 11 les indications correspondant au titre desdites colonnes et dans les colonnes 12 et 13 des guillemets.

Lorsque la surface qui cesse d'être imposable est incorporée à une voie publique ou a disparu par suite de corrosion, on inscrit simplement dans la colonne 8 les lettres *V.P.* ou le mot *corrosion* et l'on utilise tout l'espace occupé par les colonnes 9 à 13 pour indiquer le motif de la suppression : *surface incorporée au chemin n°*   *; terrain emporté par les eaux; etc.*

Les feuilles 12 et 23 fournissent des exemples du mode de rédaction à adopter : partie de la parcelle *A*, 18, incorporée à un chemin; partie de la parcelle *A*, 16, affectée à l'usage de cimetière et à retranscrire pour mémoire au folio de la commune sous la désignation *A*, 16.*a*. On remarquera que, dans ce dernier cas, c'est la nature actuelle de la propriété qui est mentionnée dans la colonne 11, conformément aux prescriptions de l'Instruction générale sur les mutations.

Les restes de parcelle correspondant à ces mutations sont inscrits respectivement sur les feuilles 10 et 21 tant en situation ancienne qu'en situation nouvelle.

CHAPITRE VIII.

APPLICATION DES MUTATIONS.

ART. 62.

La marche à suivre pour l'application des mutations tant sur les matrices de la Direction que sur celles des communes, lorsqu'il s'agit de circonscriptions où le régime de la conservation est en vigueur, est celle tracée par l'Instruction générale sur les mutations, dont les dispositions seront dès lors suivies sous réserve des modifications de détail qui sont exposées ci-après.

Règles générales.

ART. 63.

Nouveaux modèles de feuilles intercalaires de matrices cadastrales.

Les feuilles intercalaires de matrices de propriétés non bâties (mod. n°s 13 *bis* et 14 *bis*), dont il sera fait usage à l'avenir dans les communes nouvellement placées sous le régime de la conservation, ne diffèrent des feuilles composant les matrices des autres communes que par la largeur des colonnes *Tiré de* et *Porté à* appelées à recevoir de plus nombreuses annotations.

ART. 64.

Parcelles dont le numéro n'a pas été modifié.

Les parcelles dont le numéro n'est pas modifié sont inscrites une seule fois sur les feuilles de mutation (col. 7 à 13) [voir art. 50]. La situation ancienne et la situation nouvelle de ces parcelles étant identiques, cette unique inscription est utilisée tant pour leur radiation à l'article du vendeur que pour leur transcription à l'article de l'acquéreur, suivant le mode employé dans les communes ordinaires.

Il est à noter que ces parcelles figurent toujours en tête de la feuille et sont séparées des autres, lorsqu'il y en a, par un trait horizontal. Il est donc facile de les distinguer à première vue. Au surplus, les colonnes 2, 4 et 5 sont toujours en blanc sur la ligne qui les concerne, alors qu'elle porte toujours une inscription pour les parcelles dont le numéro est modifié.

En ce qui a trait aux parcelles faisant l'objet du présent article, les colonnes destinées aux renvois sont annotées dans les conditions habituelles, du numéro de l'article (1) d'où la parcelle a été tirée d'une part, de celui de l'article où elle a été portée d'autre part.

---

1) On entend par numéro de l'article, le numéro du premier des folios de la matrice cadastrale sur lesquels sont transcrites les parcelles composant ledit article de matrice.

ART. 65.

Toute parcelle dont le numéro a été modifié donne lieu, comme il a été indiqué plus haut (art. 51 et 54), à deux inscriptions sur les feuilles de mutation : la première qui correspond à sa situation ancienne figure dans les colonnes 2 à 7 ; la seconde, qui présente sa situation nouvelle, est inscrite dans les colonnes 7 à 13.

Pour rechercher sur la matrice les parcelles à radier à l'article du vendeur, il convient dès lors d'envisager exclusivement les mentions de la feuille qui correspondent à la situation ancienne, en faisant complètement abstraction de celles qui sont portées en situation nouvelle. On tient compte en faisant cette recherche de ce qu'une parcelle peut être répartie en situation ancienne sur plusieurs feuilles, comme cela a lieu dans le système ordinaire (parcelles divisées). En outre on ne s'occupe, pour chaque feuille, que des parcelles qui y sont *intégralement transcrites* et on néglige celles dont *le numéro seul* est rappelé pour mémoire dans la colonne 2, les colonnes 3 à 6 étant en blanc sur la ligne correspondante. Ces dernières parcelles, qui figurent à des folios autres que celui du vendeur auquel la feuille envisagée s'applique, sont en effet transcrites intégralement sur les feuilles de leurs vendeurs respectifs et seront radiées à l'aide desdites feuilles.

ART. 66.

Après avoir trouvé à la matrice la parcelle à radier, on indique sur la ligne correspondante, dans la colonne à ce destinée, l'année de la mutation (sortie) et on remplit la colonne : *Porté à,* avant de tracer le trait de radiation.

L'inscription dans la colonne *Porté à* du seul numéro du folio auquel la parcelle sera inscrite ne suffirait pas ultérieurement pour retrouver ladite parcelle dans ce nouveau folio, puisqu'elle y portera un numéro différent et n'aura ni la même contenance, ni le même revenu imposable. Il est donc indispensable de compléter cette indication par celle du numéro du plan qui identifie la parcelle dans sa situation nouvelle. Cette nouvelle désignation cadastrale est ajoutée en dénominateur au numéro du folio auquel la parcelle a été transcrite. On trouve toujours cette désignation dans la colonne 8 de la feuille de mutation, sur la ligne même de la parcelle à radier, soit qu'elle figure seule pour mémoire sur ladite ligne, soit qu'elle fasse partie de la situation nouvelle complète qui y est transcrite.

Par exemple la feuille n° 2 comprise dans la série des exemples fictifs indique que la parcelle n° 2.b passe du folio 1 au folio 2 pour y former avec la parcelle n° 2 bis, tirée du même folio 2, une nouvelle parcelle qui portera le numéro 2.c. Sans s'occuper de la parcelle n° 2 bis, on recherche au folio du vendeur (folio 1) la parcelle n° 2.b, on inscrit dans la colonne $Sortie$ le millésime 1911, année de la mutation, et dans la colonne $Porté à$ la mention $\frac{2}{2.c}$, composée du numéro du folio de l'acquéreur, donné par le cadre de tête de la feuille, et de la nouvelle désignation cadastrale de la parcelle, qu'on trouve dans la colonne 8, en regard de la situation ancienne de la parcelle à radier.

Le trait de radiation est ensuite tracé.

On procède de la même manière en ce qui concerne la parcelle $\frac{321}{6.b}$ de la même feuille, qui passe aussi du folio 1 au folio 2, sous la désignation 14.a, comme l'indique pour mémoire la colonne 8. La colonne $Porté à$ de la matrice est dès lors annotée de la mention $\frac{2}{14.a}$.

ART. 67.

Lorsqu'une ligne de la matrice se trouve répartie en situation ancienne sur plusieurs feuilles, elle n'est évidemment radiée qu'une fois; mais il ne faut pas omettre d'indiquer dans la colonne $Porté à$ tous les folios auxquels elle est passée et la mention des nouvelles désignations cadastrales correspondantes. On peut, dans ce cas, lorsque le numéro composé à porter en dénominateur comprend un numéro simple commun à plusieurs parcelles, se dispenser de répéter ce numéro simple dans les renvois autres que le premier et se borner à l'indication de la lettre distinctive. Ainsi, pour la parcelle $A.292$, passée du folio 5 aux folios 2, 4, 6, 7, 1, 3, avec les numéros $292.a$, $292.b$, $292.c$, $292.d$, $292.f$, $292.g$, au lieu de :

$$\frac{2}{292.a}, \ \frac{4}{292.b}, \ \frac{6}{292.c}, \ \frac{7}{292.d}, \ \frac{1}{292.f}, \ \frac{3}{292.g}, \text{ on a inscrit}$$

dans la colonne *Porté à* :

$$\frac{2}{292.a}, \ \frac{4}{b}, \ \frac{6}{c}, \ \frac{7}{d}, \ \frac{1}{f}, \ \frac{3}{g}.$$

ART. 68.

En ce qui concerne les surfaces cessant d'être imposables, la colonne *Porté à* est annotée des lettres *V.P.* ou du mot *Corrosion*, s'il s'agit de parcelles incorporées à la voie publique ou disparues.

Lorsque, au contraire, la contenance non imposable forme une parcelle nouvelle qui doit être retranscrite pour mémoire à l'un des folios de la matrice, le numéro de ce folio et le nouveau numéro du plan sont rappelés dans la colonne *Porté à* avec le mot *Mémoire* entre parenthèses. (Voir au folio 2 la parcelle $A.6$; au folio 3, la parcelle $A.18$; et au folio 5, la parcelle $A.16$.)

ART. 69.

De même que c'est la situation ancienne des parcelles qui est radiée aux folios des vendeurs, c'est la situation nouvelle portée dans les colonnes 7 à 13 des feuilles de mutation qui est seule transcrite aux folios des acquéreurs. Les inscriptions pour mémoire de la colonne 8 sont négligées pour cette partie du travail.

Le millésime de l'année de la mutation est porté dans la colonne *Entrée* et la colonne *Tiré de* est remplie dans les conditions suivantes.

Pour remonter à l'origine d'une parcelle donnée, il faut con-

Transcription
des parcelles
modifiées
et indication
de leur
origine.

naître à la fois les folios où figuraient ses composantes et les désignations cadastrales qui les y distinguaient. Comme il est indiqué à l'article 54, ces données sont toujours inscrites en regard de chaque parcelle nouvelle dans les colonnes 1 et 2 de la feuille de mutation. On les reportera donc dans la colonne *Tiré de* de la matrice cadastrale en disposant les inscriptions de manière que chaque numéro du plan figure en dénominateur au-dessous du folio du vendeur correspondant.

Il est essentiel de bien remarquer que si, pour les radiations à faire au vu d'une feuille de mutation donnée, on ne doit s'occuper que des parcelles qui y sont intégralement transcrites en situation ancienne, pour l'annotation de la colonne *Tiré de* de la matrice, il faut au contraire tenir compte de toutes les inscriptions des colonnes 1 et 2 correspondant à la parcelle envisagée, dans l'unique feuille où sa situation nouvelle figure en entier.

En définitive les inscriptions pour mémoire des colonnes 1 et 2, sans intérêt pour les radiations, doivent toujours être utilisées pour remplir la colonne *Tiré de;* inversement les inscriptions pour mémoire de la colonne 8, qui ne servent pas aux inscriptions, sont toujours reportées dans la colonne *Porté à* de la matrice.

La parcelle $A.5.a$, formée des composantes n°s 5, 4 *bis.a* et 4 *bis.b* qui figuraient respectivement aux folios 3, 2 et 4, est inscrite au folio 7 de la matrice au vu de la seule feuille de mutation n° 11. Cette feuille contient à la fois en effet la situation nouvelle de la parcelle, l'indication de toutes ses composantes et celle des folios auxquels ces dernières sont respectivement inscrites. Après avoir transcrit la parcelle, on porte dans la colonne *Tiré de*, en utilisant les données des colonnes 1 et 2 de la feuille, l'origine : $\dfrac{3}{5}$, $\dfrac{2}{4\ bis.a}$, $\dfrac{4}{4\ bis.b}$.

Les feuilles n°s 7 et 17, dans lesquelles le numéro de la parcelle $A.5.a$ est rappelé seulement pour mémoire (col. 8), ont été utilisées pour la radiation des deux composantes qui y figurent, mais ne servent en rien pour l'inscription de la parcelle nouvelle.

ART. 70.

La provenance des surfaces nouvellement entrées dans la matière imposable s'indique par les lettres *V.P.* ou par le mot *Alluvion*, lorsque ces surfaces n'avaient pas précédemment de numéro et ne figuraient pour mémoire à aucun folio. (Voir parcelle $A.20.a$, folio 1 et parcelle $A.\frac{322}{10}$, folio 2.)

Dans le cas contraire, on les traite comme les parcelles ordinaires, en ayant soin toutefois d'ajouter le mot *Mémoire* entre parenthèses à l'indication d'origine, à inscrire dans la colonne *Tiré de*.

ART. 71.

L'application des mutations sur la matrice des propriétés bâties, dont les feuilles intercalaires seront à l'avenir conformes aux modèles n° 5 *bis* et 6 *bis* annexés à la présente Instruction, est faite d'après les règles ci-dessus tracées pour les propriétés non bâties.

Lorsque les colonnes *Tiré de* et *Porté à* seront insuffisantes pour contenir les indications qu'elles sont destinées à présenter, on se bornera à porter dans ces colonnes la mention *Voir cadre* et on inscrira ces indications dans le cadre qui a été imprimé pour cet objet à l'angle gauche inférieur de chaque case, en y rappelant la ligne à laquelle elles s'appliquent. (Voir case 5, parcelle $A.24.a$.)

Les divers totaux de chaque case seront précédés du millésime de l'année pour laquelle ils auront été déterminés.

ART. 72.

Pour la rédaction de l'état de situation ancienne et nouvelle, dressé lors de l'application des mutations sur les matrices de la Direction, les contenances et les revenus à porter dans les co-

4.

lonnes des diminutions sont ceux qui correspondent aux totaux des colonnes 3 et 6 (situation ancienne), des diverses feuilles concernant un même vendeur.

Au contraire, les contenances et les revenus à faire figurer dans les colonnes des augmentations relatives à chaque acquéreur sont relevés dans les colonnes 10 et 13 (situation nouvelle), des feuilles intéressant ledit acquéreur.

Ainsi qu'il est spécifié à l'article 50, les parcelles dont la situation ancienne et la situation nouvelle sont identiques en tous points ne sont pas retranscrites en détail dans la partie de la feuille réservée à la situation ancienne; mais le total de leur contenance et celui de leur revenu y sont rappelés, de sorte que les totaux des colonnes 3 et 6 donnent toujours pour chaque feuille, en contenance et en revenu, la somme des diminutions résultant pour le folio en cause de la radiation de toutes les parcelles que la feuille concerne.

Les augmentations et les diminutions à faire figurer dans les états de situation ancienne et nouvelle en ce qui a trait aux propriétés bâties sont déterminées d'après une marche analogue à celle qui résulte pour les propriétés non bâties de l'application des deux premiers alinéas du présent article.

ART. 73.

La détermination des bases des indemnités allouées pour l'application des mutations sera faite dans les conditions prévues par la décision ministérielle du 30 décembre 1910 (Tarif annexé à la circulaire du 21 mars 1911, n° 1143, renvoi 1), c'est-à-dire en comptant pour une parcelle chaque ligne transcrite, tant dans la partie situation nouvelle, que dans la partie situation ancienne de la feuille. Il est bien entendu toutefois que les simples mentions pour mémoire de numéros et de folios ne seront pas considérées comme formant une ligne.

ART. 74.

Au moment où il est établi, l'état de section contient la liste exacte des parcelles représentées sur le plan et constate leur désignation cadastrale (section et numéro de plan), leur contenance, leur situation et leur nature de culture, la classe et le revenu imposable qui leur ont été assignés par l'expertise. Il renvoie enfin aux comptes des matrices cadastrales, dans lesquels ces parcelles ont été groupées par propriétaire et où elles sont transcrites avec les mêmes indications.

Pour maintenir la concordance existant ainsi entre le plan, les matrices et l'état de section, il est indispensable d'appliquer sur ce dernier document tous les changements apportés lors des opérations de conservation au numérotage des parcelles d'une part, à leur composition en contenance et en revenu d'autre part.

Il importe en outre que les propriétaires intéressés et toutes les personnes ayant à consulter l'état de section puissent y trouver non seulement l'état actuel de chaque parcelle dérivée, mais encore sa filiation par rapport aux parcelles composantes, telle qu'elle a été établie par le géomètre conservateur (voir art. 44, 99, 100), ainsi que la justification de la concordance qui doit exister entre les contenances et les revenus des parcelles dérivées et ceux des parcelles composantes (voir art. 42 et 43).

Le travail de mise à jour nécessaire pour obtenir le résultat qui vient d'être indiqué sera effectué d'après les règles ci-après.

ART. 75.

En ce qui concerne les propriétés non bâties, l'état (mod. n° 1) dressé par le conservateur présente tous les éléments utiles pour l'application sur l'état de section des changements apportés au numérotage et à la consistance des parcelles; mais il n'indique pas le folio du nouveau propriétaire au compte duquel ces dernières ont été portées. Il y a donc lieu, tout d'abord, d'annoter

de ce renseignement la colonne 14 de l'état en question, à l'aide
des feuilles de mutation sur lesquelles les nouvelles parcelles
figurent en situation nouvelle.

On procédera ensuite à la régularisation de l'état de section en
utilisant successivement toutes les indications de l'état (mod. n° 1)
ainsi complété, dans l'ordre même où elles y sont inscrites.

ART. 76.

Détails
de
la mise à jour
de l'état
de section
en ce qui
concerne
les propriétés
non bâties.

En principe chacun des numéros primitifs existant au moment
de l'achèvement des opérations cadastrales occupe une case de
l'état de section ; c'est dans cette case que seront constatées toutes
les modifications dont la parcelle correspondante aura été l'objet.

On n'aura donc à ouvrir de nouvelles cases qu'en ce qui touche
les parcelles provenant de terrains non imposables et ne portant
pas précédemment de numéro. Comme il est indiqué à l'article 11, ces parcelles reçoivent un numéro pris à la suite de la
section et accompagné en dénominateur du numéro de la parcelle la plus voisine. Il conviendra de leur affecter, dans l'ordre
de leur numérateur, les cases ordinaires réservées pour cet objet
à la suite de celles qui sont déjà utilisées.

Mais en outre on rappellera à l'encre rouge la désignation
cadastrale de chacune de ces parcelles en marge de l'état de section, à la place déterminée par sa situation topographique,
c'est-à-dire au bas de la case contenant le numéro figurant en
dénominateur dans sa désignation cadastrale.

Dès que les six lignes d'une case auront reçu des inscriptions
dans l'une quelconque de leurs colonnes (voir art. 79), cette
case sera continuée à la première des cases complémentaires
libres (voir modèle n° 15 *ter*) comprises dans le cahier relatif à
chaque section.

Le numéro de la case complémentaire sera immédiatement
consigné dans la colonne 16 de la case qui doit être continuée.
En outre l'employé chargé de l'application pour le compte du
Directeur portera ce numéro dans la colonne 8 de l'état (mod.

n° 1), en regard de la désignation cadastrale de la première parcelle à inscrire dans toute case complémentaire faisant suite, soit à une case ordinaire, soit à une autre case complémentaire.

Cette annotation sera utilisée au moment de la régularisation de l'état de section de la commune pour assurer sa concordance absolue avec celui de la Direction, au point de vue de la continuation des cases.

<h2 style="text-align:center">ART. 77.</h2>

La constatation des changements sur l'état de section est opérée d'une manière générale suivant la forme adoptée pour l'application des mutations sur les matrices cadastrales.

Toutes les parcelles figurant en situation ancienne sur l'état (mod. n° 1) (col. 1 à 7) sont rayées à l'état de section par un trait à la règle portant sur les colonnes 1 à 7. L'année pour laquelle la mutation aura son effet est indiquée dans la colonne 8. Dans la colonne 9 on rappelle la nouvelle ou les nouvelles désignations cadastrales assignées à la parcelle, et, s'il y a lieu, on signale par les lettres *V.P.* ou le mot *Corrosion*, son incorporation à la voie publique ou sa disparition. Dans ces derniers cas, on précise dans la colonne d'observations l'état nouveau de l'immeuble ou son affectation et l'on y mentionne, lorsqu'une partie seulement d'une parcelle est supprimée de la matière imposable, la contenance et le revenu imposable afférents à cette partie, tels qu'ils figurent dans les colonnes 17 et 18 de l'état (mod. n° 1). (Voir parcelles Section *A*, n°ˢ 6, 16, 18.)

Il n'y a pas à indiquer le folio auquel passe chaque parcelle rayée, puisque les inscriptions de la colonne 9 permettent de se reporter immédiatement à la situation nouvelle, en regard de laquelle on trouve le numéro de ce folio (col. 7).

<h2 style="text-align:center">ART. 78.</h2>

Toutes les parcelles figurant en situation nouvelle à l'état (mod. n° 1) (col. 9 à 13) doivent être transcrites à l'état de section (col. 1 à 6), soit dans l'une des cases vides réservées à cet effet, s'il s'agit de parcelles tirées de la matière imposable (voir article 76), soit, en ce qui concerne les parcelles dérivées, à la suite des inscriptions antérieures, dans la case correspondant au numéro simple entrant dans leur désignation cadastrale.

Dès lors une case et, le cas échéant, les cases complémentaires qui en forment la suite, ne doivent comprendre que des parcelles désignées par un numéro simple unique ($A.46$) ou par des numéros composés ($A.55.a$, $55.b$), dans lesquels n'entre qu'un même numéro simple ($A.55$).

Pour chaque parcelle, on indique dans la colonne 7 le folio de la matrice auquel elle a été mutée (folio de l'acquéreur), tel qu'il est rappelé dans la colonne 14 de l'état (mod. n° 1); et, dans la colonne 10, le millésime correspondant à l'année de la mutation.

En outre on reproduit dans les colonnes 11 à 15, toutes les fois qu'il s'agit d'une parcelle dérivée de plusieurs composantes, les indications relatives à l'origine et à la composition de la parcelle constatées dans les colonnes 2 à 6 de l'état (mod. n° 1). On s'assure d'ailleurs que l'addition des contenances et des revenus des diverses composantes donne exactement la contenance et le revenu de la parcelle dérivée et l'on réunit par une accolade tracée entre les colonnes 9 et 10 les diverses composantes d'une même parcelle. (Voir parcelles $A.5.a$, $7.a$.)

Lorsque la parcelle nouvelle dérive d'une seule composante, il suffit de porter la désignation cadastrale de cette dernière dans la colonne 11. (Voir parcelle $A.18.a$).

Pour l'indication de l'origine des composantes provenant de terrains non imposés n'ayant pas précédemment de numéro au plan, on remplace ce renseignement dans la colonne 11 par les lettres *V.P.* ou le mot *Alluvion* et on précise dans la colonne d'observations la situation ancienne ou l'affectation de la surface nouvellement cotisée. (Voir parcelles $A.19.a$, $20.a$, $\frac{322}{10}$.)

ART. 79.

Une ligne spéciale de la case est affectée à chacune des composantes à faire figurer dans les colonnes 11 à 15 et on ne doit jamais utiliser l'interligne pour cet objet; d'autre part, toute ligne comprenant des inscriptions dans une quelconque de ses colonnes est, pour la transcription des parcelles suivantes, considérée comme occupée en entier. On reporte, le cas échéant, à la case complémentaire formant suite (voir art. 76), les composantes de la dernière parcelle figurant dans la colonne 1 qui n'auraient pu trouver place à leur rang normal sur les lignes de la case principale. On a soin, en pareille circonstance, d'inscrire les mots : *Voir la case complémentaire*, au-dessous des désignations cadastrales de la composante occupant la dernière ligne de la case. (Voir Section *A*, n° 292.*h* et case complémentaire n° 1).

Il va sans dire que le numéro de la case complémentaire est immédiatement inscrit dans la colonne 8 de l'état (mod. n° 1) en regard de la première des composantes à reporter, et dans la colonne 16 de la case principale.

Le contrôleur ne doit prendre aucune initiative en ce qui concerne l'ordre de continuation des cases. S'il ne trouve pas dans la colonne 8 de l'état (mod. n° 1), au moment de la régularisation de l'état de section de la commune, l'indication du numéro de la case complémentaire à utiliser, quand l'application des règles ci-dessus exposées justifie une continuation, il demande à à la Direction le renseignement nécessaire.

L'observation rigoureuse des mesures d'ordre qui font l'objet du présent article est indispensable pour assurer la concordance entre l'état de section de la Direction et celui de la commune, au point de vue du nombre de parcelles à inscrire dans chaque case et du choix de la case complémentaire faisant suite à une case donnée.

ART. 80.

En ce qui a trait aux propriétés bâties, la mise à jour de l'état de section s'opère d'après les règles applicables aux propriétés non bâties, en employant pour l'indication de l'origine et de la destination des constructions nouvelles, des démolitions totales ou partielles, des additions de construction, des créations de chantier, etc., les notations en usage dans le système ordinaire combinées, le cas échéant, avec celles qu'implique la nécessité de rappeler la précédente désignation cadastrale en regard de toute parcelle transcrite et la nouvelle désignation en regard de toute parcelle radiée, lorsqu'il y a changement de numéro.

ART. 81.

Le travail est effectué à l'aide des feuilles de mutation comportant constatation nouvelle, suppression ou modification *de revenu net* ou simple changement de numéro de plan indépendant de toute modification de revenu.

Les feuilles de l'espèce sont extraites de la liasse générale et classées dans l'ordre des sections et des numéros de plan de la première des parcelles qui y figurent en vue d'un des changements ci-dessus indiqués. Les rectifications à faire à l'état de section sont effectuées en suivant successivement parcelle par parcelle les feuilles ainsi rangées.

On ne s'occupe d'ailleurs des propriétés bâties qu'après avoir terminé le travail relatif aux propriétés non bâties.

La stricte exécution de ces diverses prescriptions pour la mise à jour, tant de l'état de section de la Direction que de celui de la commune, permet seule d'obtenir un ordre identique dans la transcription des parcelles sur les deux exemplaires de ce document.

ART. 82.

La régularisation de l'état de section portant, en ce qui concerne les propriétés bâties, non seulement sur les parcelles changeant de numéro, mais encore sur toutes celles dont le revenu net a été nouvellement constaté, supprimé ou modifié, le nombre des parcelles mutées ne concorde pas avec celui des inscriptions à l'état (mod. n° 7).

L'applicateur de la Direction détermine ce nombre en relevant sur les feuilles de la liasse formée en vertu des dispositions de l'article précédent (2° alinéa) toutes les parcelles qui ont donné lieu à des inscriptions ou à des radiations à l'état de section; suivant la règle admise en matière de mutations chaque propriété est comptée pour autant de parcelles qu'elle comporte, sur les feuilles, d'inscriptions en état ancien et en état nouveau.

Le résultat trouvé, qui constitue la base de la rétribution relative à l'application des mutations de propriétés bâties sur l'état de section, est inscrit à la dernière page de l'état (mod. n° 7) et certifié par l'employé qui a effectué le travail.

Le contrôleur de son côté, au moment de la mise au courant de l'état de section de la commune, s'assure de l'exactitude de cette détermination et consigne sur la même page de l'état (mod. n° 7) précité le nombre résultant de sa vérification.

DEUXIÈME PARTIE.

ORDRE ET MODE D'EXÉCUTION DES TRAVAUX.

CHAPITRE IX.

MESURES PRÉPARATOIRES. — RÉUNION DES DOCUMENTS À UTILISER.

ART. 83.

Rang
des communes
soumises
à la
conservation
dans
l'itinéraire
de la tournée
générale
des
mutations.

En rédigeant son projet d'itinéraire de la tournée générale des mutations, le contrôleur réserve pour la fin de la tournée les communes qui sont soumises au régime de la conservation.

Le Directeur veille de son côté à l'observation de cette règle au moment de l'examen des projets d'itinéraires.

ART. 84.

Documents
que
le contrôleur
doit adresser
au Directeur.

Le contrôleur s'abstient de comprendre dans les deux envois d'extraits d'actes translatifs de propriété qu'il a à faire aux percepteurs, les extraits relatifs aux communes soumises au régime de la conservation.

Dès qu'il est en possession de tous les extraits de cette catégorie à utiliser pendant l'année envisagée, c'est-à-dire au 31 mars au plus tard, il en forme une liasse par commune et la transmet au Directeur avec l'état (mod. n° 10) qu'il a rédigé au cours de la précédente tournée (voir art. 120) et les notes ou documents relatifs à la conservation qui peuvent se trouver entre ses mains.

Un bordereau [1], sur lequel est rappelée la date à laquelle doit être effectuée la tournée des mutations, énumère les pièces ainsi transmises et signale l'absence de l'état (mod. n° 10), lorsqu'il n'en aura pas été établi.

ART. 85.

Le Directeur réunit aux pièces et au bordereau mentionnés à l'article précédent :

1° Les croquis d'arpentage (mod. n° 6) ayant déjà servi à la mise à jour du plan de la Direction et qui doivent être appliqués sur le plan de la commune (voir art. 90);

2° La liasse formée en exécution de l'article 116 et qui comprend les croquis (mod. n° 6) non définitifs dressés au cours des précédentes tournées, les calques (mod. n° 8) approuvés par les intéressés et les procès-verbaux de délimitation et de bornage (art. 9 de la loi du 17 mars 1898) parvenus à la Direction; enfin toutes lettres, notes et pièces susceptibles d'être utilisées dans la commune pour les opérations de conservation.

Le dossier ainsi complété est transmis au conservateur ainsi qu'un bordereau [1] des pièces communiquées. Ce bordereau comporte un accusé de réception qui doit être renvoyé dans les trois jours au Directeur par le destinataire.

ART. 86.

Dès qu'il a reçu les documents énumérés à l'article précédent, le géomètre conservateur fait connaître au Directeur la date à laquelle il commencera ses opérations dans la commune ainsi que le nombre de jours qu'il se propose d'y consacrer. Le Chef de service apprécie s'il y a lieu de prescrire à l'Inspecteur ou à l'un des contrôleurs du département d'assister à tout ou partie du travail.

Sous réserve des délais de convocation dont il sera parlé à

---

[1] Bordereau à transmettre sous pli distinct.

l'article suivant, l'époque choisie doit suivre d'aussi près que possible la réception du dossier de la conservation, de manière que les agents chargés de la rédaction des feuilles de mutation disposent d'un délai suffisant pour procéder à cette opération avant la tournée générale des mutations.

Lorsque le conservateur est chargé de plusieurs communes, il a égard, pour la détermination de l'époque où il se rend dans chacune d'elles, à l'importance du travail de préparation des feuilles incombant au percepteur ou au contrôleur entre l'achèvement de la tournée de conservation et le jour de la tournée générale des mutations.

CHAPITRE X.

TRAVAIL DU CONSERVATEUR.

ART. 87.

Envoi au Maire d'une lettre de convocation et d'affiches annonçant la tournée du conservateur.

Dix jours au moins à l'avance, le conservateur annonce son arrivée au Maire par une lettre (mod. nº 3) à laquelle il joint des affiches (mod. nº 4) en nombre suffisant pour que ce magistrat puisse en faire apposer un exemplaire non seulement au chef-lieu, mais encore dans les principales sections de la commune.

ART. 88.

Examen et annotation des extraits d'actes translatifs de propriété.

Tout d'abord le conservateur examine chacun des extraits d'actes translatifs ou attributifs de propriété qui lui ont été transmis, recherche les folios auxquels appartiennent les parcelles à muter et inscrit les numéros desdits folios *dans la partie du cadre où se trouve porté le nom du vendeur ou ancien propriétaire.*

L'agent chargé de la rédaction des feuilles pourra ainsi profiter de cette indication, dont l'inscription sur l'extrait ne comporte pas un supplément de travail appréciable et que le conservateur ne peut d'ailleurs se dispenser de rechercher pour s'acquitter de ses propres obligations.

ART. 89.

Le conservateur borne son intervention au travail visé à l'article précédent en ce qui concerne les extraits dont les mentions lui ont permis d'être certain que la mutation correspondante peut être opérée sans difficultés et n'entraîne pas de modifications dans la configuration des immeubles. Il adresse aux permutants désignés dans les autres extraits une lettre spéciale (mod. n° 5) les invitant à marquer à l'avance par des bornes ou des piquets les nouvelles limites de leurs propriétés et à se mettre en rapport avec lui en vue de lui fournir tous renseignements utiles et de prendre jour, le cas échéant, pour assister aux opérations qui seront exécutées sur le terrain.

Cette lettre est destinée indistinctement tant aux propriétaires qui ont produit le procès-verbal de délimitation ou de bornage prévu par l'article 9 de la loi du 17 mars 1898, qu'à ceux qui se sont abstenus de le fournir. Le texte imprimé en est, quand il y a lieu, complété ou modifié à la main pour être adapté à chaque cas particulier. L'envoi des lettres pourra d'ailleurs être fait avant le premier jour de la tournée de conservation, si l'examen des extraits a permis, préalablement à toute consultation des documents cadastraux, d'en reconnaître la nécessité. Mention de la date d'expédition desdites lettres est portée en tête de l'extrait.

A mesure qu'ils parviendront à sa connaissance, le conservateur consignera sur les extraits les éclaircissements et données complémentaires que la communication ci-dessus visée lui aura permis d'obtenir des intéressés et qui seront de nature à faciliter l'identification des parcelles.

Envoi d'une lettre d'avis aux propriétaires intéressés. Constatation de cet envoi sur les extraits d'actes translatifs.

ART. 90.

Mise à jour du plan de la commune.

Dès qu'il a transmis les lettres (mod. n° 5), le conservateur procède à la mise à jour du plan de la commune, à l'aide des croquis définitifs qu'il a dressés pendant la tournée de l'année précédente (voir art. 106) et que le Directeur lui a retournés (voir art. 85) après les avoir fait appliquer sur le plan de conservation déposé à la Direction.

Ce travail est effectué dans les conditions et suivant les règles fixées au chapitre VI. La date en est indiquée sur la feuille de tête de chaque croquis, à la suite de la mention imprimée qui y figure à cet effet.

ART. 91.

Comparaison des extraits avec les procès-verbaux de délimitation ou de bornage produits par les intéressés.

Le mise à jour du plan une fois terminée, le conservateur réunit à chacun des extraits à utiliser le procès-verbal de délimitation ou de bornage correspondant, s'il l'a reçu soit du Directeur, soit du Maire, à qui il n'omet pas de réclamer ceux qui pourraient se trouver encore entre ses mains. Il examine s'il y a concordance entre les énonciations de l'extrait et les constatations graphiques du procès-verbal et prend toutes les notes nécessaires en vue de rechercher, tant sur le terrain qu'au vu des actes dont il demande la communication aux intéressés et à l'aide des explications de ces derniers, les causes des discordances révélées par cette comparaison.

ART. 92.

Préparation des calques destinés à la formation des croquis.

Il prépare ensuite les calques destinés à la formation des croquis (voir art. 34) Ce travail s'étend aux propriétés pour lesquelles un procès-verbal de délimitation a été remis par les intéressés aussi bien qu'à celles pour lesquelles il n'en a pas été produit.

Il ne néglige pas en outre de prendre note sur une feuille

spéciale, en se reportant aux données de l'état de section et des matrices cadastrales, de la situation ancienne des parcelles modifiées. Les calques sont établis sur des cadres (mod. n° 6) imprimés sur papier parcheminé transparent et comprenant quatre pages dont les deux dernières ne portent aucune impression. Suivant l'importance du croquis le dessin est tracé sur la 1re page ou sur la 3e ou réparti entre la 2e et la 3e.

Les deux feuilles dont se compose le modèle n° 6 ne doivent jamais être séparées, alors même que l'une d'elles demeurerait inutilisée; elles servent de chemise pour les documents qu'il peut y avoir lieu d'y annexer ultérieurement.

ART. 93.

Le conservateur note sur des fiches, qu'il lui appartiendra ultérieurement de classer dans l'ordre topographique, les déclarations de construction, reconstruction, agrandissement, etc., faites sur le registre tenu à la mairie pour l'exécution de la loi du 8 août 1890. Il recueille dans la même forme auprès du maire, des agents municipaux et des propriétaires qui se sont présentés, les renseignements relatifs aux démolitions totales ou partielles de propriétés bâties et à toutes autres modifications survenues dans la configuration des immeubles et prépare les calques qu'il juge devoir lui être nécessaires pour la constatation de ces divers changements.

Il examine en même temps, pour y consigner ses explications et y relever les indications qui sont susceptibles de donner lieu à des opérations sur le terrain, l'état (mod. n° 10) dressé par le contrôleur (voir art. 120) et qui lui a été communiqué à cet effet par le Directeur (voir art. 84 et 85). Lorsque le conservateur trouvera dans la colonne 3 de l'état (mod. n° 10) le nouveau numéro d'une parcelle, il devra adopter pour cette parcelle le numéro ainsi déterminé exceptionnellement par le contrôleur, en vue d'une imposition qui ne pouvait être ajournée (voir art. 121).

Renseigne-
ments
préparatoires
à recueillir
par le
conservateur,

ART. 94.

En tenant compte des résultats de ses travaux préparatoires et des rendez-vous qu'il a pris avec les propriétaires, l'opérateur détermine l'ordre dans lequel il fera le parcours du territoire communal pour procéder aux constatations et aux mesurages nécessaires, ainsi que pour rechercher les changements apportés dans la consistance des propriétés bâties qui ne seraient pas révélés par des actes ou des déclarations et entraîneraient néanmoins des modifications au plan (voir art. 2, 21, 23, 24, 25).

Il dispose pour se guider dans cette recherche d'une collection de calques du plan mis à sa disposition par le Directeur. Ces calques sont ceux qui ont servi à la vérification des travaux de renouvellement du cadastre.

ART. 95.

Le conservateur procède ensuite aux opérations de terrain et à la formation des croquis dans les conditions exposées au chapitre IV de la présente Instruction (art. 33 à 39).

Il fait tous ses efforts et use de toute son influence pour obtenir la présence et le concours des intéressés et, en tout cas, leur adhésion aux résultats graphiques de son travail. Il leur signale les avantages du bornage et ceux qui, à défaut de bornage, découlent d'une exacte délimitation de leurs propriétés.

Ce n'est que si ses démarches à ce sujet demeuraient infructueuses qu'il ferait d'office une détermination provisoire des limites, en s'aidant des signes matériels pouvant exister sur le terrain, des marques de la jouissance actuelle, des indications des extraits d'actes translatifs ou déclaratifs de propriété et de tous autres renseignements qu'il pourrait recueillir.

En ce qui concerne les propriétés bâties, le conservateur ne dresse les croquis que lorsque les travaux sont assez avancés pour qu'il ne puisse y avoir aucun doute sur la nature des modications à apporter au plan. Mais il a soin néanmoins de prendre note, dès qu'il en a connaissance, de toutes les transformations commencées, afin de ne pas les perdre de vue et de préparer en temps utile les calques concernant les immeubles en cause.

ART. 96.

La production par les intéressés du procès-verbal de délimitation ou de bornage prévu par l'article 9 de la loi du 17 mars 1898 ne dispense pas le conservateur de dresser le croquis (mod. n° 6) afférent aux parcelles comprises dans lesdits procès-verbaux. Si ces derniers concordent avec les résultats du travail du conservateur, ils valent approbation de ce travail et ils sont annexés au croquis (mod. n° 6). Leur présence est constatée par la mention : *Voir procès-verbal de délimitation* ou *de bornage ci-annexé*, inscrite à la place ou à la suite de la signature des intéressés sur la 1re page du croquis (mod. n° 6).

Nonobstant la production d'un procès-verbal de délimitation ou de bornage, le conservateur s'efforce d'obtenir la signature des propriétaires toutes les fois qu'il a pu entrer en relations avec eux.

ART. 97.

Lorsque les indications graphiques des procès-verbaux de délimitation ou de bornage ne s'adaptent pas correctement au plan cadastral, lorsqu'elles sont en désaccord avec l'état des lieux ou avec les mentions des extraits d'actes translatifs de propriété, il importe que le conservateur signale ces discordances aux intéressés et qu'il obtienne leur concours pour arriver à les expliquer ou à les rectifier. Il fait approuver par eux le croquis (mod. n° 6) et, le cas échéant, l'annulation du procès-verbal produit, qui demeure néanmoins annexé au croquis précité, après avoir été revêtu d'une mention explicative et de la signature des propriétaires.

Si le concours de ces derniers lui fait défaut, le conservateur

considère comme inexistants les procès-verbaux qui ne s'adaptent
pas au plan cadastral; il les annote des explications utiles, certi-
fiées par sa signature, et dresse dans la forme ordinaire des croquis (mod. n° 6) auxquels les procès-verbaux demeurent annexés.
Les communications réglementaires faites aux intéressés (voir
art. 109 et 110) portent bien entendu mention de ces diverses
circonstances. Enfin, si les procès-verbaux sont corrects, le conservateur se conforme à leurs indications pour la figuration des
limites, lorsque les intéressés n'ont pas déféré à l'invitation qui
leur a été adressée de fournir des explications au sujet des discordances existant entre l'état des lieux ou les énonciations des
actes et les constatations des procès-verbaux.

ART. 98.

Ce qui doit former un croquis distinct.

Il n'est formé qu'un croquis par parcelle ou groupe de parcelles contiguës provenant d'un même propriétaire et passant à
un même acquéreur ou à plusieurs acquéreurs différents. C'es
ainsi qu'on procédera notamment dans le cas de lotissement.

De même toute parcelle nouvelle formée de plusieurs composantes ne donne évidemment lieu qu'à l'établissement d'u
seul croquis (mod. n° 6), quel que soit le nombre des vendeur
de ces composantes. Dans le cas de création de canaux ou d
voies publiques ne formant pas parcelles il sera fait un croqu
par feuille de plan.

ART. 99.

Dessin de la configuration nouvelle des parcelles. Numérotage. Calcul des contenances.

Dès qu'il a terminé ses travaux de terrain, le conservate
trace sur chaque feuille de croquis le dessin de la nouve
configuration des parcelles (voir art. 39).

Il assigne à toutes les parcelles modifiées les désignations c
dastrales qui doivent leur être attribuées à l'avenir d'après
règles exposées au Chapitre II et les inscrit au croquis ainsi qu
dessin correspondant.

Il procède ensuite, en se conformant aux prescriptions du Chapitre V, au calcul des contenances et à la détermination des revenus des parcelles créées ou modifiées et à la formation de l'état présentant la composition et l'origine desdites parcelles (voir art. 44).

ART. 100.

Cet état (mod. n° 1) est dressé autant que possible dans l'ordre des sections et des numéros (col. 1 et 9) des parcelles nouvelles. Les colonnes 8 et 14, qu'il incombe à la Direction de remplir ultérieurement, sont provisoirement laissées en blanc.

Chaque parcelle nouvelle est portée sur une ligne dans les colonnes 9 à 13, en regard d'une accolade tracée entre les colonnes 7 et 8 et embrassant les diverses composantes de ladite parcelle. Toute composante, qu'elle soit formée d'une parcelle entière ou d'une fraction de parcelle, est également inscrite sur une ligne dans les colonnes 1 à 7. L'addition de la contenance et du revenu des diverses fractions d'une même parcelle doit reproduire la contenance totale et le revenu total de la parcelle ancienne ainsi divisée.

La contenance et le revenu des composantes précédemment non imposées ne sont pas indiqués dans les colonnes 3 et 6, mais dans les colonnes 15 et 16. Si ces composantes ont déjà un numéro et figurent pour mémoire à un des folios de la matrice, les colonnes 1, 2, 4 et 7 reçoivent les indications correspondant à leur en-tête. Lorsqu'il s'agit de surfaces qui ne portaient pas précédemment de numéro, on indique leur origine par les lettres *V. P.* ou le mot *alluvion* dans la colonne 2, et leur précédent état dans l'espace occupé par les colonnes 3 à 7. (Voir parcelles $\frac{322}{10}$, 19.*a*, 20.*a*.)

Les surfaces cessant d'être imposables ne sont pas portées en situation nouvelle si elles ne reçoivent pas de numéro; on mentionne ce numéro et la nouvelle affectation de la parcelle dans les colonnes 9 et 11 lorsque cette parcelle doit figurer pour mé-

Mode de rédaction de l'état (mod. n° 1).

moire à un des folios de la matrice cadastrale. Sa contenance est rappelée dans la colonne 21.

Dans l'un et l'autre cas la contenance et le revenu à supprimer de la matière imposable sont inscrits dans les colonnes 17 et 18. (Voir parcelles n°ˢ 16 et 18.)

Lorsque la rectification d'une erreur matérielle dûment constatée (voir art. 42) nécessitera la modification de la contenance et du revenu précédemment assignés à une parcelle, le conservateur procédera comme en matière de création ou de suppression de matière imposable en justifiant les changements par les mots *erreur matérielle*, et en fournissant dans la colonne d'observations de l'état (mod. n° 1) toutes les explications nécessaires.

ART. 101.

En vue de faciliter l'application des prescriptions de l'article précédent, on résume ici les principes généraux permettant de distinguer les propriétés imposables des propriétés non imposables et de déterminer quelles sont celles de ces dernières qui formant parcelles, doivent être numérotées au plan et inscrites pour mémoire, c'est-à-dire pour leur contenance seule, sans revenu imposable, au folio de la personne morale publique qui en est propriétaire.

Pour être exempté de la contribution foncière un immeuble doit remplir les trois conditions suivantes :

A. — *Être improductif de revenu*, c'est-à-dire n'être ni loué ni, en général, cultivé ou exploité, tout au moins au profit du propriétaire.

B. — *Être propriété publique*, c'est-à-dire appartenir soit à l'État ou à un organe de l'État investi de la personnalité civile (Institut, Universités, Facultés, Écoles d'enseignement supérieur, Lycées, Établissements de sourds-muets, Établissements généraux de bienfaisance, etc.), soit aux départements ou aux communes, soit aux hospices ou aux bureaux de bienfaisance.

C. — *Être affecté à un service d'utilité générale* (1).

Parmi les propriétés non imposables, celles dont le public peut user, conformément à leur destination, de la manière la plus absolue et sans aucune restriction, ne forment pas parcelles; elles ne doivent figurer ni aux matrices ni aux états de section; telles sont les routes, chemins, rues, places publiques, rivières, ruisseaux, canaux de navigation. (Voir articles 35 à 38 de l'Instruction du 30 décembre 1910.)

Les autres propriétés au contraire sont susceptibles d'une utilisation moins générale et moins absolue; elles ne sont à la disposition des citoyens que dans la mesure nécessaire pour que ceux-ci puissent bénéficier du service d'utilité générale correspondant à leur destination et sont d'ailleurs fréquemment réservées à l'usage des agents chargés d'assurer le service en question.

Les propriétés de cette seconde catégorie sont numérotées au plan comme les propriétés privées et forment parcelles dans les mêmes conditions. Mais elles ne reçoivent pas d'évaluation cadastrale. Leur contenance et leur affectation sont seules portées pour mémoire à l'état de section et aux matrices.

Cette règle trouvera habituellement son application dans les travaux de conservation, en ce qui concerne : les cimetières, les maisons d'école et les logements des instituteurs publics, ainsi que les jardins en dépendant; les lycées et maisons d'éducation nationale et les jardins y attenant; les jardins botaniques, les pépinières de l'État et des départements; les hôpitaux et hospices et les jardins y attenant; les camps, polygones, champs de tir ou de manœuvres, casernes, arsenaux; les édifices affectés à un culte public et appartenant à l'État, aux départements ou aux communes, etc.

---

(1) Il n'est pas nécessaire que cette troisième condition soit remplie, quand il s'agit des propriétés de l'État.

ART. 102.

Le conservateur consigne dans la colonne 20 de l'état (mod. n° 1) les numéros des extraits d'actes translatifs de propriété correspondant à chaque modification constatée. Il indique dans la colonne 21 les motifs des inscriptions qui ne seraient pas justifiées par des extraits, en rappelant la date et la nature des actes qui lui auraient été présentés, ainsi que la désignation des permutants que ces actes concernent; enfin, il porte dans la même colonne les explications relatives aux suppressions et créations de matière imposable mentionnées dans les colonnes 15 à 18.

Dans la colonne 22 doit être constatée la nature de culture *actuelle* de chaque parcelle nouvelle. C'est cette nature de culture seule, *telle qu'elle existe sur le terrain,* qui doit être envisagée pour déterminer si une surface donnée forme parcelle. (Voir art. 8.) Mais, ce point réglé, c'est uniquement d'après la nature de culture primitive des composantes, telle qu'elle figure à l'état de section, que doit être arrêtée l'inscription à porter dans la colonne 11 de l'état, qui sera retranscrite ultérieurement sur les feuilles de mutation, l'état de section et les matrices, et constituera la nature de la propriété de la parcelle dérivée, jusqu'à une nouvelle modification.

Si la parcelle dérivée provient d'une seule composante, elle conserve l'indication de la nature de culture primitive de cette composante. S'il y a plusieurs composantes, la désignation de la nature de culture de la parcelle nouvelle est formée des noms des diverses natures de culture comprises dans les composantes. On inscrit, le cas échéant, en première ligne celui qui correspond à l'affectation culturale actuelle de la parcelle et figure dans la colonne 22.

La classe à porter dans la colonne 12 comprend de même les numéros, séparés par un tiret, des classes des diverses composantes.

(Voir parcelles *A*. 2 . *c*, 5 . *a*, 15 . *a*, 13 . *a*, 13 . *b*, 30 . *a*.)

ART. 103.

L'état (mod. n° 1) est additionné et récapitulé. Son exactitude est vérifiée par la balance à former dans le cadre imprimé pour cet objet à sa dernière page. Les totaux de la situation ancienne (col. 3 et 6) et des augmentations (col. 15 et 16) doivent être égaux à ceux de la situation nouvelle (col. 10 et 13) et des diminutions (col. 17 et 18). Le travail serait revisé si ce résultat n'était pas atteint.

ART. 104.

Dès qu'il est certain de l'exactitude de son travail le conservateur remplit, à l'aide de l'état (mod. n° 1), le tableau présentant la composition et l'origine des parcelles qui est imprimé à la 2° page de chaque croquis d'arpentage (mod. n° 6).

Ce tableau est complété, après la rédaction de l'état (mod. n° 7) dont il est question à l'article suivant, par l'inscription des renseignements, autres que la contenance et le revenu imposable, relatifs aux propriétés bâties modifiées. En ce qui concerne cette catégorie de propriétés, des guillemets sont portés dans les colonnes réservées à la mention de la contenance et du revenu.

ART. 105.

Au vu de l'état (mod. n° 1) et des croquis (mod. n° 6) dressés au cours de la tournée de l'année, le conservateur établit ensuite l'état (mod. n° 7) des modifications constatées dans la configuration des propriétés bâties. (Voir art. 24.)

Il n'omet pas de comprendre dans ledit état les propriétés bâties qui, n'ayant été l'objet d'aucun changement, doivent cependant recevoir un nouveau numéro, parce que celui du sol sur lequel elles sont édifiées a été modifié pour un motif quelconque. (Voir art. 25.)

ART. 106.

Après l'achèvement de ces diverses opérations, les croquis (mod. n° 6) sont divisés en deux liasses : la première comprend ceux qui, établis dans le cours de la tournée, ont été approuvés et signés par tous les intéressés ; la seconde ceux pour lesquels cette approbation fait défaut pour la totalité ou pour quelques-uns des confrontants.

Le conservateur recherche, pour les joindre à la première liasse, ceux des croquis dressés au cours des tournées précédentes et classés à cette époque dans la deuxième liasse (1) qui sont devenus définitifs par l'acceptation des intéressés.

Cette acceptation est explicite si elle est constatée soit par l'apposition de la signature des parties sur le croquis original (mod. n° 6) ou sur la copie dont il sera parlé ci-après (voir art. 109), soit par un procès-verbal régulier de délimitation ou de bornage. Elle est implicite, d'après les dispositions de la loi du 17 mars 1898, s'il s'est écoulé un délai d'un an depuis l'envoi de la copie ci-dessus visée sans que les intéressés aient justifié, par la production du procès-verbal de délimitation ou de bornage prévu par l'article 9 de la loi précitée (2), de leur accord au sujet de nouvelles limites ou de l'introduction devant la juridiction compétente d'une action tendant à les faire fixer.

Le conservateur constate pour chaque intéressé, au bas de la première page des croquis devenus définitifs, sous le titre imprimé : *Suites de chaque communication*, soit la production d'une copie approuvée, laquelle est dans ce cas annexée au croquis, soit l'expiration du délai d'un an accordé par la loi.

---

(1) Ces croquis et les divers documents les concernant lui ont été renvoyés par le Directeur (voir art. 85).

(2) Un spécimen de ce procès-verbal est déposé à la mairie (mod. n° 58 annexé à l'Instruction du 30 décembre 1910).

Ces annotations sont faites sous la forme suivante :

Croquis approuvé ci-joint.

Communication demeurée sans réponse à la date du . . . . . .

La date à consigner dans l'espèce devra toujours être postérieure d'un an au moins à celle de l'envoi de la copie du croquis qui doit se trouver inscrite en regard.

ART. 107.

Lorsque, à la suite de la réception de cette dernière pièce, les intéressés produiront un procès-verbal de délimitation ou de bornage indiquant des limites autres que celles fixées provisoirement par le conservateur, ce dernier s'assurera tout d'abord que le procès-verbal s'adapte correctement au plan cadastral. Dans la négative il le considérera comme inexistant et procédera comme il est indiqué à l'article 97 en ce qui concerne les procès-verbaux produits spontanément, en ayant soin d'aviser les propriétaires des motifs qui n'ont pas permis d'utiliser le procès-verbal incorrect.

Si les indications graphiques du procès-verbal concordent avec le plan cadastral, le conservateur en appliquera les données et rectifiera en conséquence son croquis primitif et le tableau qu'il comporte ou, au besoin, en établira un nouveau, auquel le premier demeurera annexé après avoir été annulé et annoté des explications nécessaires.

Suite à donner aux procès-verbaux de délimitation ou de bornage rectifiant les limites provisoirement fixées par le conservateur.

ART. 108.

Les procès-verbaux rectificatifs visés à l'article précédent donneront lieu à des inscriptions à l'état (mod. n° 1) dans les conditions ci-après.

La situation provisoire déterminée par le travail primitif du conservateur ayant été portée à l'état (mod. n° 1) rédigé pendant l'une des tournées précédentes, les mutations correspondant à

Mode spécial de rédaction de l'état (mod. n° 1) dans le cas de modification des limites provisoirement fixées par le conservateur.

cette situation ont été opérées et appliquées à l'état de section et à la matrice. La situation ancienne à considérer, et à prendre pour base de la rédaction du nouvel état (mod. n° 1), sera dès lors la situation provisoire dont il vient d'être question, bien qu'elle n'ait pas encore été figurée au plan, et non la situation ancienne effective existant avant la mutation qui se trouve erronée. Les explications nécessaires seront portées dans la colonne 21 de l'état (mod. n° 1).

Les mutations opérées conformément aux indications dudit état, ainsi rédigé dans ce cas particulier, amèneront le rétablissement à l'état de section et aux matrices des inscriptions qui auraient dû y être faites tout d'abord et la rectification de l'erreur commise par suite du défaut de production en temps utile d'un procès-verbal de délimitation ou de bornage.

Il va sans dire qu'il n'y a pas à tenir compte de la situation provisoire pour la formation du croquis (mod. n° 6) définitif et du tableau qu'il comporte.

ART. 109.

Établissement des calques (mod. n° 8).

Afin de rendre définitifs les croquis (mod. n° 6) rangés dans la seconde des liasses visées à l'article 106, le conservateur prend les mesures nécessaires pour en donner connaissance officielle aux propriétaires et faire courir le délai d'un an accordé par la loi du 17 mars 1898 à ces derniers pour se mettre d'accord sur leurs limites.

A cet effet il établit sur un imprimé (mod. n° 8), pour chacun des intéressés qui n'ont pas approuvé le croquis (mod. n° 6), un calque, rigoureusement conforme à l'original tant pour le trait que pour les écritures, du dessin à l'encre rouge donnant la configuration nouvelle des parcelles faisant l'objet du croquis d'arpentage (mod. n° 6) [voir art. 39 et 99], et une copie du tableau présentant à la deuxième page du même croquis la composition et l'origine des parcelles. Lorsque le croquis comprend plusieurs parcelles appartenant à des propriétaires différents (voir art. 98) chacun des calques est limité à la partie du croquis intéressant celui des confrontants auquel il est destiné.

ART. 110.

Le document ainsi établi est adressé sans délai *par lettre recommandée* au propriétaire qu'il concerne, avec la lettre imprimée faisant connaître le but de la communication. (Voir première page du modèle n° 8.)

La date de l'envoi est inscrite, ainsi que les nom, prénoms et adresse du destinataire, dans la partie réservée pour cet objet sur la première page du croquis (mod. n° 6).

En outre le récépissé de la poste constatant l'expédition est fixé complètement à la colle, de manière à faire corps avec la feuille, sur la deuxième page du croquis, dans le cadre imprimé à cet effet.

Le conservateur s'enquiert préalablement de l'adresse précise des intéressés, afin d'éviter toute perte ou fausse destination de pièces.

Il mentionne sur l'enveloppe dans laquelle est fait l'envoi son nom et son adresse pour que la poste soit en mesure de lui renvoyer les plis qui ne pourraient être distribués.

Dans ce cas, et si de nouvelles recherches ne pouvaient lui faire découvrir la résidence de l'intéressé, il déposerait à la mairie la copie (mod. n° 8) du croquis, en faisant connaître au maire les circonstances qui nécessitent ce dépôt et en priant ce magistrat de tenir le document à la disposition du destinataire.

Il est pris note sur la première page du croquis (mod. n° 6) des dates de toutes les réexpéditions et, s'il y a lieu, de celle du dépôt à la mairie.

ART. 111.

Les croquis dressés pendant les tournées antérieures à celle de l'année courante, et qui ne seraient pas encore devenus définitifs au moment où le conservateur arrête son travail, sont joints aux croquis de la deuxième des liasses dont il est question à l'article 106 pour être utilisés l'année suivante.

ART. 112.

Le conservateur ne doit jamais figurer sur le plan de la commune, au cours d'une tournée donnée, les changements constatés sur les croquis rangés pendant cette même tournée dans les deux liasses dont il est question aux articles 106, 109, 111.

Il n'utilise chaque année pour la mise à jour du plan que les croquis définitifs ayant formé la première liasse de l'année précédente et que le directeur lui a renvoyés (voir art. 85) après qu'ils ont servi à exécuter un semblable travail sur le plan de la Direction. En un mot, les croquis ne peuvent être appliqués sur le plan de la commune avant de l'avoir été sur celui de la Direction.

ART. 113.

A la fin de son travail le conservateur s'assure par une revision générale du dossier qu'il n'a omis la constatation d'aucun changement et qu'il y a concordance absolue entre les indications des divers documents dressés ou examinés par lui.

Il compare notamment l'état (mod. n° 1) avec les extraits d'actes translatifs de propriété et porte sur ces derniers toutes les annotations utiles à l'agent chargé de la rédaction des feuilles de mutation pour se rendre compte sans hésitation de l'origine et de la composition des parcelles nouvelles correspondant aux parcelles anciennes mentionnées sur les extraits.

ART. 114.

Si, au cours de son travail ou de l'examen d'ensemble dont il est parlé à l'article précédent, le conservateur constatait que les désignations cadastrales mentionnées dans les extraits d'actes translatifs de propriété sont inexactes et se rapportent à des immeubles autres que ceux qui font effectivement l'objet des transactions visées dans lesdits extraits, il signalerait au Directeur, par une note spéciale qu'il joindrait au dossier, ces infractions à l'article 9 de la loi du 17 mars 1898 (voir Instruction du 30 décembre 1910, Annexes, p. 154).

ART. 115.

Aussitôt qu'il a terminé ses opérations le conservateur transmet au Directeur les pièces ci-après dont l'énumération est faite sur un bordereau (mod. n° 9) (1) :

Envoi du dossier au Directeur.

1° Croquis (mod. n° 6) définitifs appliqués sur le plan de la commune;

2° Croquis (mod. n° 6) définitifs à appliquer sur le plan de la Direction;

3° Croquis (mod. n° 6) non définitifs;

4° Extraits d'actes translatifs utilisés ou annotés;

5° État (mod. n° 1);

6° État (mod. n° 7);

7° État (mod. n° 10) annoté des explications du conservateur;

8° Note relative aux infractions à l'article 9 de la loi du 17 mars 1898.

Chacune des liasses n°° 1 à 4 est enfermée dans une chemise en papier suffisamment résistant portant l'indication de la nature des pièces qu'elle contient. Les liasses n°° 2 et 3 sont subdivisées en deux parties : croquis établis pendant les tournées précédentes et croquis établis pendant la tournée actuelle.

Le nombre des pièces de chaque espèce et celui des éléments auxquels ces pièces s'appliquent est consigné en regard de chacune des inscriptions imprimées sur le bordereau.

____

(1) Bordereau à adresser au Directeur sous pli distinct.

CHAPITRE XI.

EXAMEN DU DOSSIER PAR LE DIRECTEUR.
TRANSMISSION AU CONTRÔLEUR ET AU PERCEPTEUR
DES PIÈCES À UTILISER
POUR LA RÉDACTION DES FEUILLES DE MUTATION.

ART. 116.

Premier
examen
du dossier
par
le Directeur.
Destination
des pièces
qui
le composent.

Dès qu'il a reçu le dossier, le Directeur en fait un examen approfondi et s'assure que le conservateur s'est exactement conformé aux diverses prescriptions réglementaires.

Il vérifie l'exactitude des nombres consignés sur le bordereau d'envoi, en vue de leur utilisation ultérieure pour la liquidation de la dépense, et transmet immédiatement au contrôleur les extraits d'actes translatifs de propriété, les états (mod. n° 1 et 7), l'état (mod. n° 10) annoté des explications du conservateur, et la note relative aux infractions à l'article 9 de la loi du 17 mars 1898, s'il en a été rédigé (voir art. 114).

Il communique également au contrôleur, pour servir à la vérification du travail du conservateur (voir art. 128), les croquis (mod. n° 6) qui ont été appliqués au cours de la tournée sur le plan de la commune et conserve les autres croquis définitifs pour en faire reporter ultérieurement les indications sur le plan de conservation de la Direction (voir art. 123).

Quant aux croquis non encore définitifs il en forme pour chaque commune un dossier spécial, auquel il ajoutera successivement les divers documents qui pourront lui parvenir par la suite (calques [mod. n° 8] approuvés, procès-verbaux de délimitation ou de bornage, notes, lettres, etc.) et qui seront relatifs soit aux croquis en cause, soit à d'autres points nécessitant l'intervention du conservateur.

La liasse ainsi constituée est transmise à ce dernier avant l'ouverture de chaque tournée annuelle (voir art. 85).

ART. 117.

Le contrôleur adresse, dès qu'ils lui sont parvenus, les états (mod. n°° 1 et 7) et les extraits d'actes translatifs de propriété au percepteur chargé de la rédaction des feuilles. Lorsque le travail incombe personnellement au contrôleur d'après les dispositions de l'Instruction générale sur les mutations, cet agent conserve les documents dont il s'agit pour les utiliser en temps convenable.

L'envoi au percepteur est accompagné du bordereau (1) réglementaire en usage pour le service des mutations; il est apporté à ce bordereau les additions manuscrites nécessaires pour constater la transmission des états (mod. n°° 1 et 7).

L'examen des explications consignées par le conservateur sur l'état (mod. n° 10) et, s'il y a lieu, celui de la note relative aux infractions à la loi du 17 mars 1898 sont réservés pour l'époque de la tournée générale des mutations (voir art. 119 et 120).

Transmission par le contrôleur au percepteur des documents à utiliser par ce comptable.

CHAPITRE XII.

TRAVAIL DE RÉDACTION DES FEUILLES DE MUTATION.
(PERCEPTEUR ET CONTRÔLEUR.)

ART. 118.

Le percepteur et le contrôleur procèdent en temps convenable, dans les communes soumises au régime de la conservation, à la préparation des feuilles de mutation dont la rédaction incombe à chacun d'eux, en se conformant aux règles spéciales tracées dans le chapitre VII de la présente Instruction.

Rédaction des feuilles de mutation par le percepteur et le contrôleur.

---

(1) Bordereau à adresser au percepteur sous pli distinct.

En sus de celles qui résultent des extraits d'actes translatifs de propriété, ils opèrent toutes les mutations signalées sur les états (mod. n°s 1 et 7) dressés par le conservateur, de même que celles qui seraient réclamées par les intéressés avec justifications à l'appui. Toutefois ils devraient ajourner les mutations de cette dernière catégorie qui comporteraient la modification des désignations cadastrales des parcelles. En pareille circonstance, en effet, l'intervention du conservateur est obligatoire, puisque c'est à lui seul qu'il appartient d'assigner leur nouveau numéro aux parcelles dérivées. Il conviendrait dès lors de renvoyer les déclarants devant le conservateur en leur faisant connaître les dispositions de l'article 9 de la loi du 17 mars 1898.

ART. 119.

Vérification par le contrôleur des états (mod. n°s 1 et 7).

En vérifiant les feuilles de mutation le contrôleur porte spécialement son attention sur l'exacte détermination des revenus imposables assignés par le conservateur tant aux composantes des parcelles dérivées qu'à ces dernières elles-mêmes. Il examine tout particulièrement à ce point de vue le travail relatif aux suppressions et aux créations de matière imposable.

Il lui appartient d'ailleurs de faire arrêter ou modifier par les Répartiteurs le classement provisoire des surfaces devenues imposables effectué par le conservateur. (Voir art. 43, dernier alinéa.)

Il rectifie à l'encre rouge comme il est nécessaire, sur l'état (mod n° 1) et sur l'état (mod. n° 7), les erreurs que son examen lui ferait découvrir et celles que le percepteur aurait relevées.

Ce dernier ne doit en aucun cas apporter de changements aux états ci-dessus désignés. Il rédige les feuilles de mutation conformément aux renseignements que ces états contiennent, sauf à consigner sur une fiche spéciale destinée au contrôleur les discordances qu'il aurait remarquées au cours de son travail.

Le contrôleur examine également la note relative aux infractions à l'article 9 de la loi du 17 mars 1898 rédigée par le con-

=servateur (voir art. 114) et vérifie la réalité des faits signalés. Il consigne enfin sur une deuxième note ceux de ces faits qui lui ont paru bien établis et ceux de même nature que son propre travail lui aurait permis de constater. Cette note est transmise avec le dossier des mutations au Directeur, accompagnée de celle du conservateur sur laquelle sont indiqués, en regard de l'exposé des faits non retenus, les motifs qui les ont fait écarter.

ART. 120.

Au moment de la tournée des mutations le contrôleur utilise, lorsqu'il y a lieu, les renseignements figurant à l'état (mod. n° 7) pour la rédaction de l'état (mod. 11) annexé à l'Instruction générale sur les mutations ou pour la tenue du registre des constructions nouvelles, additions de constructions, etc., et il annote en conséquence la colonne 12 de l'état (mod. n° 7) précité.

Comparaison de l'état (mod. n° 7) et du registre des constructions nouvelles. Rédaction de l'état (mod. n° 10).

Il répare les omissions que cette comparaison lui ferait découvrir et dresse, d'autre part, l'état (mod. n° 10) des modifications de propriétés bâties constatées par lui et qui n'ont figuré dans aucun des états (mod. n° 7) rédigés par le conservateur.

L'état (mod. n° 10) est communiqué avant l'ouverture de la tournée annuelle de conservation (voir art. 84 et 85) au conservateur qui l'annote de ses explications (voir art. 93) et le renvoie avec les extraits à utiliser et les états (mod. n°s 1 et 7) correspondants au Directeur, par les soins de qui ces documents sont transmis au contrôleur (voir art. 115 et 116).

Les explications dont il s'agit font l'objet d'un nouvel examen qui permet à cet agent de se rendre compte si les faits qu'il a signalés ont reçu la suite convenable et d'utiliser les renseignements que le conservateur a consignés sur l'état (mod. n° 10) précité.

6.

ART. 121.

Le contrôleur ne perd pas de vue, d'une part, que c'est au conservateur qu'il appartient d'assigner de nouvelles désignations cadastrales aux parcelles modifiées, d'autre part, que toute propriété bâtie doit porter le même numéro que le sol sur lequel elle est édifiée. Il adopte donc pour la rédaction des documents dont l'établissement lui incombe les numéros du plan déterminés par le conservateur et figurant soit dans l'état (mod. n° 7), soit dans l'état (mod. n° 1).

Ce n'est que dans le cas où il se trouve amené à établir une imposition nécessitant l'inscription à la matrice d'une propriété bâtie qui n'a fait l'objet d'aucune communication du conservateur, qu'il attribue lui-même à cette propriété la désignation cadastrale nouvelle qui doit l'identifier, en se conformant à cet égard aux dispositions du chapitre II de la présente Instruction..

Il a soin de porter la propriété en cause dans l'état (mod. n° 10) avec son ancien et son nouveau numéro et d'attirer, par une annotation spéciale, l'attention du conservateur sur ce fait exceptionnel (voir art. 93).

CHAPITRE XIII.

TRAVAIL DU DIRECTEUR.

ART. 122.

L'examen auquel sont soumis à leur arrivée à la Direction les dossiers de mutation concernant les communes placées sous le régime de la conservation porte non seulement sur l'observation des règles applicables dans les communes ordinaires, mais encore sur celle des prescriptions de la présente Instruction.

Dans le cas où cette vérification ou les rectifications apportées par le contrôleur aux états (mod. n°ˢ 1 et 7·) feraient ressortir la nécessité de modifier certains des croquis, le Directeur annexerait à ces documents une note explicative et les communiquerait au conservateur en l'invitant à procéder immédiatement à cette régularisation, si elle n'exigeait pas un transport sur les lieux ou la mise en cause des intéressés, et à les lui renvoyer tels quels, si ce déplacement ou cette intervention étaient indispensables.

Les croquis définitifs qui n'auraient pu être rectifiés seraient classés avec ceux qui ne sont pas encore définitifs au dossier dont il est question à l'article 116, pour être modifiés au cours de la prochaine tournée et leur application sur le plan serait ajournée.

ART. 123.

Le Directeur fait procéder à l'aide des croquis définitifs susceptibles d'utilisation immédiate à la mise à jour de l'exemplaire du plan affecté dans ses bureaux au service de la conservation.

Le dessinateur se conforme aux règles tracées au chapitre VI de la présente Instruction et n'omet pas de mentionner sur la feuille de tête de chacun des croquis (mod. n° 6) la date à laquelle il a exécuté son travail et le nombre de parcelles sur lequel il a porté (voir art. 133).

Les croquis utilisés sont conservés à la Direction pour être transmis avant l'ouverture de la tournée suivante (voir art. 85) au conservateur chargé de la régularisation du plan de la commune.

ART. 124.

Concurremment avec les travaux graphiques visés à l'article précédent le Directeur fait opérer l'application des mutations, tant sur les matrices cadastrales que sur l'état de section de la Direction, dans les conditions et suivant les règles exposées au chapitre VIII.

Les états (mod n°ˢ 1 et 7) demeurent annexés au dossier, qui est transmis au contrôleur à l'époque fixée par l'Instruction générale sur les mutations, en vue de l'application sur les matrices et l'état de section de la commune des changements mentionnés dans ces états.

ART. 125.

Communications au Service de l'Enregistrement.

C'est à l'Administration de l'Enregistrement qu'il appartient d'assurer l'exacte observation du paragraphe 2 de l'article 9 de la loi du 17 mars 1898 et d'appliquer les sanctions édictées par le paragraphe 3 dudit article. Toutefois, en vue de faciliter la surveillance incombant à ce Service, le Directeur, au vu des notes rédigées à cet effet par les contrôleurs (voir art. 119) et jointes aux différents dossiers, signale à son collègue de l'Enregistrement, à titre de renseignement, les infractions à la loi précitée qui, d'après les indications des extraits d'actes translatifs de propriété et les constatations des agents du service de la conservation, paraîtraient avoir été commises.

CHAPITRE XIV.

TRAVAIL DU CONTRÔLEUR.

ART. 126.

Application des mutations sur les matrices cadastrales et l'état de section de la commune.

L'application des mutations sur les matrices cadastrales et l'état de section de la commune est effectuée par le contrôleur suivant le mode indiqué au chapitre VIII.

Il importe que ce travail soit terminé avant le 31 décembre dans toutes les communes soumises au régime de la conservation, afin de permettre au Directeur de mandater sur les crédits de l'année en cours la partie de la dépense imputable sur les fonds de la conservation.

CHAPITRE XV.

SURVEILLANCE ET VÉRIFICATION DES TRAVAUX.

ART. 127.

Lorsqu'un conservateur ou un agent en remplissant les fonctions débute dans le service de la conservation, le Directeur charge l'Inspecteur ou l'un des contrôleurs du département de se rendre auprès de lui et d'assister, dans une des premières communes parcourues, à tout ou partie des opérations exécutées.

Le fonctionnaire désigné s'assure que le conservateur procède avec tout le soin convenable et qu'il se conforme aux dispositions de la présente Instruction; il pose au besoin toutes questions nécessaires pour vérifier si l'opérateur possède une parfaite connaissance des règles applicables en la matière; il lui donne enfin, le cas échéant, tous conseils et directions utiles.

L'agent qui a rempli une pareille mission rend compte de ses constatations et de son appréciation sur l'aptitude du conservateur dans un rapport spécial qu'il adresse au Directeur en simple expédition (voir art. 129).

ART. 128.

Au cours de la tournée des mutations le contrôleur vérifie si les croquis définitifs de l'année précédente, que le Directeur lui a communiqués à cet effet (voir art. 116), ont été appliqués sur le plan et si le conservateur a exécuté ce travail avec netteté et précision dans les conditions prévues par la présente Instruction.

Cet examen et celui des pièces du dossier (états mod. n°s 1 et 7, etc.) lui permettent de s'expliquer, dans un chapitre spécial qu'il ouvre au Rapport concernant la tournée générale des mutations, sur la manière dont le conservateur s'acquitte de ses diverses obligations.

L'Inspecteur de son côté, lorsque ses tournées de vérification l'appellent dans une commune placée sous le régime de la conservation, ne manque pas de porter spécialement son attention sur les travaux du conservateur. Il consigne le résultat de ses recherches à ce sujet dans un rapport établi en simple expédition (voir article suivant).

ART. 129.

Suite à donner aux constatations de l'Inspecteur ou du contrôleur.

En principe il appartient au Directeur de donner sous sa responsabilité aux constatations faites dans les rapports visés aux deux articles précédents la suite qu'elles comportent.

Toutefois si des faits graves de nature à porter atteinte à la bonne exécution des travaux de conservation ou à la considération du Service venaient à se révéler au cours d'une vérification, d'une assistance, ou dans toute autre circonstance, l'Inspecteur ou le contrôleur qui les aurait découverts en serait l'objet d'un rapport spécial établi en double expédition, qui serait transmis à la Direction générale, après avoir été communiqué pour observations à l'intéressé.

Ces rapports, ainsi que les comptes rendus d'assistances et le rapport dressé par l'Inspecteur dans le cas visé à l'article précédent, sont établis sur des imprimés du modèle n° 62 annexé à l'Instruction du 30 décembre 1910, auxquels on apporte à la main les rectifications convenables.

ART. 130.

Vérifications spéciales.

Le Directeur général se réserve de faire procéder chaque année par tels agents qu'il désignera à la vérification approfondie des travaux de conservation d'un certain nombre de communes.

ART. 131.

Frais de vérification.

Les tournées de surveillance et de vérification visées aux articles 127 et 130 donnent lieu au profit des agents qui en sont chargés aux mêmes indemnités que les tournées semblables relatives aux travaux de premier établissement du cadastre. (Voir art. 63 de l'Instruction du 15 décembre 1911 sur la comptabilité des travaux de renouvellement du cadastre.)

CHAPITRE XVI.

INDEMNITÉS, FOURNITURES D'IMPRIMÉS.

ART. 132.

Les taux des indemnités à allouer pour rétribuer les travaux de conservation sont fixés par le Préfet, sur la proposition du Directeur.

Taux des indemnités allouées.

D'une manière générale ces indemnités semblent devoir être celles indiquées ci-après. Si des circonstances spéciales, résultant de la situation particulière de la commune envisagée, paraissaient dans certains cas de nature à en motiver la réduction ou le rehaussement, le Chef de service soumettrait au Directeur général avec toutes justifications utiles, avant de les proposer à l'approbation du Préfet, les nouveaux tarifs qu'il estimerait devoir être adoptés.

Une copie certifiée conforme de l'arrêté préfectoral fixant le taux des rétributions sera, dans tous les cas, adressée à la Direction générale dès la réception par le Directeur de l'ampliation dudit arrêté.

TARIF DE BASE

POUR LA FIXATION DES TAUX DE RÉTRIBUTION.

Indemnités du Conservateur.

fr. c.

Pour l'ensemble du travail :

1. Par commune...................................... 15 00

Pour l'examen et l'annotation des extraits d'actes translatifs de propriété :

                                                 fr. c,

II. Par extrait utilisé ou annoté................................ 0 15

Pour l'établissement des croquis (mod. n° 6) :

III. Par croquis.. 2 00

IV. Par parcelle de propriété non bâtie...................... 0 50

V. Par parcelle de propriété bâtie.......................... 0 50

Pour l'établissement et l'envoi, y compris les réexpéditions, des calques (mod. n° 8) :

VI. Par calque.. 1 00

VII. Par parcelle de propriété non bâtie.................... 0 10

VIII. Par parcelle de propriété bâtie....................... 0 10

Pour l'application des croquis (mod. n° 6) sur le plan de la commune :

IX. Par croquis.. 0 50

X. Par parcelle de propriété non bâtie..................... 0 30

XI. Par parcelle de propriété bâtie........................ 0 30

Indemnités du Directeur.

Pour l'application des croquis (mod. n° 6) sur le plan de la direction :

XII. Par croquis... 0 50

XIII. Par parcelle de propriété non bâtie.................. 0 20

XIV. Par parcelle de propriété bâtie....................... 0 20

Pour la mise à jour de l'état de section de la Direction et les travaux d'ordre général relatifs à la conservation :

X . Par parcelle appliquée sur l'état de section (propriétés non bâties)... 0 05

XVI. Par parcelle appliquée sur l'état de section (propriétés bâties)... 0 05

Indemnités du Contrôleur.

Pour la mise à jour de l'état de section de la commune, la surveillance générale des travaux du conservateur et les dépenses d'imprimés :

fr. c.

XVII. Par parcelle appliquée sur l'état de section (propriétés non bâties)..................................... 0 15

XVIII. Par parcelle appliquée sur l'état de section (propriétés bâties).. 0 15

ART. 133.

La détermination et la vérification des nombres d'éléments servant de base au calcul des indemnités seront faites en tenant compte des remarques qui suivent :

Le décompte des parcelles comprises dans les croquis (mod. n° 6) est opéré en cumulant le nombre des parcelles anciennes et celui des parcelles nouvelles. Ainsi un croquis constatant la division d'une parcelle unique en trois parcelles portant de nouveaux numéros comprend quatre parcelles; le déplacement de la limite de deux parcelles contiguës implique des opérations sur quatre parcelles.

La rétribution relative à la confection des calques (mod. n° 8) n'est au contraire basée que sur le nombre des parcelles nouvelles, puisque la configuration de ces dernières est seule représentée sur ces documents.

On considère comme parcelle de propriété non bâtie toute superficie ayant un numéro au plan, abstraction faite des constructions qu'elle peut supporter.

Les constructions elles-mêmes sont au contraire des parcelles de propriétés bâties qui sont comptées distinctement comme telles et en sus des précédentes, lorsque leur élévation a été l'objet de modifications constatées aux croquis. L'ensemble des bâtiments édifiés sur un même numéro du plan forme une seule parcelle.

En ce qui concerne l'établissement des croquis (mod. n° 6) et des calques (mod. n° 8), de même qu'en ce qui a trait à la mise

Mode de détermination des bases d'indemnités.

à jour des plans (1), les propriétés bâties non imposables, telles que les bâtiments ruraux, sont comprises dans les bases d'indemnités au même titre que les propriétés imposables.

Le nombre de calques (mod. n° 8) établis et transmis aux intéressés est égal au nombre de récépissés de la poste collés à la deuxième page des croquis (mod. n° 6) non définitifs. Le nombre des parcelles comprises dans ces calques est vérifié par le Directeur au vu des croquis (mod. n° 6) non définitifs, en tenant compte des dispositions de l'article 109. Les récépissés relatifs à des réexpéditions d'un même croquis ne sont pas comptés.

Le nombre de parcelles de propriétés non bâties appliquées sur les états de section doit être identique au nombre de lignes (situation ancienne et situation nouvelle) de l'état (mod. n° 1).

Quant au nombre de parcelles de propriétés bâties, il est déterminé par l'applicateur de la Direction et vérifié par le contrôleur d'après les règles posées à l'article 82.

ART. 134.

Dépenses couvertes par les indemnités. Frais de déplacement et de mission à allouer dans certains cas particuliers.

Les indemnités visées à l'article 132 comprennent non seulement la rétribution du travail, mais encore le remboursement de toutes fournitures d'imprimés et de papeterie, de tous salaires de manœuvres et d'auxiliaires, de tous frais de transport et de séjour dans la commune.

Toutefois lorsque les opérations de conservation seront exé-

---

(1) Le nombre de parcelles appliquées sur le plan est relevé sur la première page des croquis (mod. n° 6) où il a été inscrit par le dessinateur qui a effectué le travail pour le compte du Directeur (voir art. 123). Ce nombre total devra également servir de base à la rétribution du conservateur pour l'année suivante en ce qui a trait à la même opération. C'est en effet au cours de deux années consécutives que les changements constatés sur la même série de croquis sont figurés sur le plan de la Direction et sur celui de la commune. Au surplus, pour chaque croquis envisagé isolément, ce sont les mêmes nombres qui constituent les bases des indemnités afférentes à son établissement et de celles relatives à son application sur le plan.

cutées par un fonctionnaire de l'Administration, un agent du Service technique du cadastre ou un géomètre du cadre, il sera alloué à l'ayant droit, s'il ne réside pas dans le département, les frais de déplacement et accessoires correspondant à un voyage aller de sa résidence à la commune dans laquelle il commencera à opérer dans le département, et à un voyage retour de la dernière commune parcourue à sa résidence.

L'agent en cause aura droit en outre, exclusivement pendant le temps consacré à ces deux voyages, aux frais de mission afférents à son grade.

Ces divers frais seront réglés d'après les bases fixées par l'arrêté ministériel du 20 janvier 1900 et par la décision ministérielle du 24 novembre 1909. (Voir Instruction du 15 décembre 1911, Annexes, p. 107 et 108.)

ART. 135.

La fourniture des imprimés dont l'emploi est prescrit par la présente Instruction est à la charge des agents qui établissent les documents correspondants.

Toutefois celle des cadres destinés à la rédaction des feuilles de mutation incombe au contrôleur dans les conditions prévues par l'Instruction générale sur les mutations pour les communes ordinaires.

Fourniture d'imprimés.

CHAPITRE XVII.

MESURES TRANSITOIRES.

ART. 136.

Les dispositions de la présente Instruction sont applicables à toutes les communes dont le cadastre a été ou sera renouvelé sous le régime de la loi du 17 mars 1898. Elles entreront en vigueur dès l'année de la publication du premier rôle cadastral dans celles où les opérations sont en cours d'exécution et à partir

Époque d'entrée en vigueur du nouveau régime de conservation.

du 1er janvier 1913 dans celles où les documents cadastraux renouvelés sont déjà en service.

En ce qui concerne cette dernière catégorie de communes, le nouveau régime comporte l'application des mesures particulières ci-après.

ART. 137.

Établissement des nouveaux états de section.

Le Directeur fait établir dans les conditions précisées à l'article 5 les deux exemplaires de l'état de section (mod. n° 15 *bis*) destinés au service de la conservation. Ces documents doivent présenter la situation actuelle des propriétés et se trouver dès lors en concordance avec les matrices cadastrales, tant au point de vue de la désignation des parcelles qu'à celui de l'indication du folio ou de la case correspondants.

Chaque ligne de matrice donne lieu à une inscription distincte à l'état de section, mais on groupe dans la même case, suivant la règle générale, toutes les parcelles dont la désignation cadastrale comprend un numéro primitif commun. Cette règle s'appliquerait notamment aux parcelles divisées, identifiées suivant l'ancien système par un numéro accompagé du signe *p*, s'il s'en rencontrait de telles.

Les parcelles dont le numéro affecte la forme d'une fraction, $\frac{325}{82}$ par exemple, sont portées au rang que leur assigne le numérateur de la fraction, mais rappelées à l'encre rouge pour mémoire à leur ordre topographique en marge de l'état de section (voir art. 76).

Dans les matrices établies par îlots de propriété, lorsque l'îlot seul a reçu un numéro, les parcelles étant désignées par des lettres minuscules, on considère l'îlot comme une parcelle primitive et les parcelles comme des parcelles dérivées affectées d'un numéro composé (429.*a*, 429.*b*, 429.*c*, etc.). Toutes ces parcelles ayant un numéro primitif commun, il convient de les inscrire dans une même case. Si leur nombre est supérieur à celui des lignes de la case, on continue les inscriptions dans la case ou les cases suivantes, au lieu d'utiliser une ou plusieurs des cases complémentaires, comme il y a lieu de le faire lorsqu'il s'agit de l'application des mutations.

On suivra la même règle toutes les fois que lors de la formation du nouvel état de sections on se trouvera en présence de groupes de parcelles ayant même numéro primitif.

On affectera d'ailleurs dans tous les cas à chacun de ces groupes un nombre de cases suffisant pour que le nombre de lignes en blanc réservées à la suite des inscriptions soit égal à trois fois au moins le nombre de lignes employées.

Dans les communes où l'îlot et la parcelle ont reçu l'un et l'autre un numéro, on fait complètement abstraction du numéro de l'îlot : celui de la parcelle est seul envisagé et retranscrit à l'état de section.

On laisse en blanc l'indication de la section lorsque les communes n'ont pas été divisées en sections. L'ensemble du territoire est alors traité comme une section unique. Il peut y avoir lieu dans ce cas de diviser l'état de section en plusieurs volumes; mais les cases complémentaires ne peuvent être réparties entre les divers volumes. Elles forment une série unique à la fin du dernier volume ou, le cas échéant, constituent un volume distinct.

ART. 138.

Les frais de confection et de reliure des deux exemplaires de l'état de section établis dans les circonstances ci-dessus visées sont en principe imputés sur les fonds de concours affectés à la conservation.

Le Directeur a soin de s'assurer, avant d'engager la dépense, que les ressources nécessaires ont été réalisées.

L'indemnité allouée au Directeur pour l'établissement des deux exemplaires de l'état de section sera de six centimes (o fr. o6) par parcelle tant bâtie que non bâtie transcrite sur ce document.

Pour la liquidation et le mandatement les frais dont il s'agit seront considérés comme une dépense extraordinaire (voir art. 146).

ART. 139.

Dans les communes auxquelles s'appliquent les mesures transitoires édictées au présent Chapitre, les recherches du conservateur s'appliqueront spécialement aux modifications que lui révèleront les extraits d'actes translatifs de propriété et les procès-verbaux (récents ou anciens) qui lui seront transmis, l'examen des registres de déclarations de constructions nouvelles, le recensement du territoire en ce qui concerne les propriétés bâties, enfin, les demandes des intéressés.

Il n'aura pas à rectifier d'après les nouvelles prescriptions les indications portées dans les documents cadastraux (plans et matrices) avec les notations précédemment en usage.

En tout état de cause il devra tenir compte aussi bien des faits anciens que des faits récents, lorsqu'il s'agira de modifications de propriétés bâties constatées au cours du recensement ou de changements de toute nature réclamés par les propriétaires.

ART. 140.

Pour la détermination des nouvelles désignations cadastrales des parcelles créées ou modifiées, le conservateur se conformera aux règles tracées dans la présente Instruction, en prenant pour base la situation ancienne des parcelles, telle qu'elle sera constatée à l'état de section établi d'après les prescriptions de l'article 137. Il négligera l'indication de la section dans les communes qui ne sont pas divisées en sections, fera abstraction du numéro de l'îlot dans celles où la parcelle et l'îlot sont l'un et l'autre numérotés, et enfin traitera comme des parcelles dérivées provenant d'une même composante toutes celles qui, ayant un même numéro d'îlot, sont désignées par les lettres distinctes *a, b, c,* etc. Le numéro de l'îlot sera considéré en pareil cas comme le numéro primitif de la composante commune.

ART. 141.

Les matrices cadastrales des propriétés non bâties actuellement en service continueront à être utilisées.

La partie des renseignements relatifs à la provenance et à la destination des parcelles inscrites ou radiées qui ne pourrait trouver place dans les colonnes *Tiré de* et *Porté à* serait consignée dans les marges ou les bas de page et rattachée par des renvois convenables à la parcelle en cause.

En ce qui concerne les matrices de propriétés bâties, l'espace en blanc qui se trouve dans chaque case à la gauche des totaux pourra suppléer, dans des conditions analogues à celles ci-dessus indiquées pour les matrices des propriétés non bâties, à l'insuffisance des colonnes *Tiré de* et *Porté à*.

CHAPITRE XVIII.
COMPTABILITÉ DES DÉPENSES DE CONSERVATION.

§ 1er. — IMPUTATION DES DÉPENSES.
CONSTITUTION DES FONDS.

ART. 142.

Les dépenses de conservation, comme celles de premier établissement, sont imputables sur les fonds de concours (voir article 22 de l'Instruction du 15 décembre 1911 sur la Comptabilité des travaux de renouvellement du cadastre).

Les fonds destinés au payement de ces dépenses sont constitués suivant les règles particulières tracées par l'Instruction précitée auxquelles il y aura lieu de se reporter (voir notamment les articles 33, 35, 36, 38, 41 à 43 et 45 à 48).

§ 2. — LIQUIDATION ET MANDEMENT DES DÉPENSES.

ART. 143.

Le Directeur se conforme pour la liquidation et le mandatement des dépenses de conservation aux principes généraux posés dans les articles 49 à 83 de l'Instruction du 15 décembre 1911, dans la mesure où ils sont applicables à cette catégorie de dépenses, et, en outre, aux règles ci-après.

ART. 144.

Constatation des droits des créanciers.

La constatation des droits des créanciers résulte, suivant la qualité des intéressés ou la nature des travaux exécutés, soit de mémoires ou décomptes fournis par ces créanciers, soit de décomptes ou états d'idemnités établis par le Directeur (voir articles suivants).

ART. 145.

1° Travaux de conservation effectués par des géomètres particuliers.

Lorsque les travaux de conservation ont été effectués par un géomètre particulier ou par un fonctionnaire n'appartenant pas à l'Administration des Contributions directes, le Directeur prépare, à l'aide des indications du bordereau d'envoi des documents relatifs aux opérations de conservation (mod. n° 9), un mémoire (mod. n° 11) qu'il communique à l'intéressé en l'invitant à le faire timbrer et à le lui renvoyer après l'avoir revêtu de sa signature.

L'unique expédition de ce mémoire, dont il est conservé minute à la Direction, est ultérieurement annexée au mandat à titre de pièce justificative.

ART. 146.

2° Travaux de conservation effectués par des géomètres ou agents du Service technique ou par des fonctionnaires de l'Administration des Contributions directes. Dépenses extraordinaires.

Les droits acquis tant aux géomètres ou agents du Service technique du Cadastre qu'aux agents de l'Administration des Contributions directes, lorsque les uns ou les autres remplissent les fonctions de conservateur, sont constatés dans un décompte (mod. n° 12) établi par le Directeur en double expédition à l'aide des documents du dossier de la conservation.

C'est dans ce décompte (mod. n° 12), appuyé en pareil cas des pièces justificatives nécessaires, que figureront éventuellement les dépenses extraordinaires relatives au service de la conservation, notamment celles qui sont visées à l'article 138.

ART. 147.

Les frais de déplacement et de mission auxquels peuvent avoir droit les géomètres ou agents du Service technique, ou les agents de l'Administration des Contributions directes chargés des fonctions de conservateur, de même que les frais de surveillance ou de vérification des travaux de conservation, font l'objet de décomptes que les intéressés établissent en double expédition sur un imprimé (mod. n° 13) annexé à l'Instruction du 15 décembre 1911, et qu'ils adressent au Directeur.

A ces décomptes sont annexées, le cas échéant, les pièces justificatives nécessaires (états d'émargement, états des avances, quittances, etc.).

ART. 148.

Enfin les allocations revenant au Directeur et au contrôleur pour la mise à jour du plan de la Direction et des états de section de la Direction et de la commune sont comprises dans un état d'indemnités (mod. n° 13) [voir p. 331] également dressé en double expédition par le Directeur.

ART. 149.

L'une des expéditions de chacun des états visés aux trois articles précédents est jointe aux mandats délivrés et accompagnée, s'il y a lieu, des autres pièces justificatives de la dépense (voir art. 146 et 147); la seconde est conservée par le Directeur.

ART. 150.

La liquidation et le mandatement des dépenses de conservation sont opérés, en ce qui concerne les travaux du conservateur ou de l'agent qui en remplit les fonctions, dès l'arrivée à la Direction du Rapport sur la tournée générale des mutations dans lequel le contrôleur a rendu compte de l'exécution du travail (voir art. 128).

En ce qui a trait aux travaux du Directeur et du contrôleur

(voir art. 148), le mandatement des indemnités est effectué dès que le certificat de réintégration des pièces cadastrales à la mairie est parvenu à la Direction.

Le Directeur veille à ce que la mise à jour des matrices cadastrales et de l'état de section de toute commune soumise au régime de la conservation ne soit pas différée au delà du 31 décembre.

Les frais de déplacement, de mission, de surveillance et de vérification (art. 147) sont mandatés à une époque aussi rapprochée que possible de celle de la production des décomptes y relatifs; ces décomptes doivent être fournis avant le 4 du mois qui suit celui pendant lequel ont eu lieu les tournées ou déplacements.

ART. 151.

Constitution des retraites des géomètres du Service technique.

Les indemnités acquises à titre d'émolument personnel pour des opérations de conservation aux géomètres ou agents du Service technique placés sous le régime de l'arrêté ministériel du 15 avril 1907, maintenu en vigueur par l'article 1er, 3°, du décret du 28 juillet 1911, sont passibles de la retenue prévue par cet arrêté.

Les dispositions des articles 80 à 83 de l'Instruction du 15 décembre 1911 sont dès lors applicables en matière de travaux de conservation, comme en matière de travaux de renouvellement.

La retenue de 4 o/o portera sur les trois quarts seulement des indemnités afférentes à l'établissement des croquis : ces indemnités comprennent en effet le remboursement des salaires des auxiliaires nécessaires pour l'exécution de ce travail. Le prélèvement de 4 o/o sera opéré sur la totalité des autres rétributions ayant le caractère d'émolument personnel.

ART. 152.

Registre de comptabilité des frais de conservation du cadastre. Première partie.

Le Directeur tient par commune, pour le service de la conservation, un registre de comptabilité (mod. n° 14) divisé en deux parties.

La première partie se compose de trois tableaux. Le tableau I est destiné à présenter à toute époque la situation des versements de fonds à opérer par l'État, le département et la commune, d'après les prévisions du budget (mod. n° 7, III, Conservation) de chaque année, et à permettre de surveiller la réalisation de ces versements. Le Directeur y consigne les divers renseignements relatifs à cet objet au fur et à mesure qu'il a fait les démarches et reçu ou transmis les documents visés dans l'en-tête des colonnes.

Le tableau II présente la composition et l'emploi des ressources et des dépenses de chaque année et les reliquats disponibles à comprendre dans les ressources de l'année suivante. Il est rempli dès que les données à y consigner peuvent être connues et, au plus tard, au moment de la préparation du budget annuel.

Le tableau III reçoit l'inscription successive des crédits délégués sur les fonds de concours pour le payement des travaux de conservation dans la commune envisagée.

Art. 153.

La deuxième partie du registre de comptabilité est destinée à l'enregistrement des droits constatés et des mandats délivrés au profit des créanciers pour dépenses de conservation afférentes à la commune. Elle est annotée du montant des droits constatés au vu des mémoires, décomptes ou états d'indemnités portant liquidation de ces dépenses.

La référence au mandat dans lequel chaque ligne de dépense est comprise est indiquée dans les colonnes 13 à 15.

A la fin de chaque semestre les sommes mandatées à charge de versement à la Caisse nationale des retraites pour la vieillesse (totalité ou partie de la colonne 9 du registre mod. n° 20 annexé à à l'Instruction du 15 décembre 1911) sont enregistrées à la suite des autres inscriptions dans les col. 3, 13, 14 et 15.

On procède de même, s'il y a lieu, en fin d'année pour le mandat relatif à l'appoint non susceptible de versement à la Caisse des retraites qui est établi au profit exclusif de l'ayant droit (col. 6 du registre mod. n° 20 ci-dessus visé et renvoi (1) y afférent). Dans ce cas le montant de la somme ainsi mandatée est inscrit en outre à l'encre rouge dans les col. 8 ou 9 et 10, et à l'encre noire dans la col. 11 du registre de comptabilité.

Le registre est arrêté à la fin de chaque année. Le montant des mandats délivrés (col. 15) doit être égal au total des droits constatés (col. 7). La réunion des totaux des colonnes 10 et 11 doit également reproduire le total des droits constatés. Il va sans dire que l'appoint inscrit à l'encre rouge dans les col. 8 ou 9 et 10 est pris négativement pour la formation des totaux de ces colonnes.

ART. 154.

Établissement et enregistrement des mandats, envoi de ces documents à la Trésorerie générale et remise aux ayants droit.

Pour l'établissement des mandats, leur envoi à la Trésorerie générale et la tenue des écritures prescrites par l'article 171 du Règlement du 26 décembre 1866, le Directeur procède comme en matière des travaux de renouvellement (art. 70, 72, 74 de l'Instruction du 15 décembre 1911).

La remise des mandats est faite dans les conditions visées à l'article 74 de la même Instruction aux géomètres, aux agents du Service technique et aux fonctionnaires de l'Administration des Contributions directes. Le Directeur adresse à ses frais aux conservateurs (géomètres particuliers ou fonctionnaires n'appartenant pas à l'Administration des Contributions directes) les mandats émis à leur profit.

ART. 155.

Tenue de la comptabilité par année.

La comptabilité relative à la conservation est tenue par année, sans reprise des résultats des années antérieures.

Dans les différentes parties du registre (mod. n° 14) les inscriptions relatives à chaque année sont séparées de celles concernant l'année précédente par un trait tiré dans toute la largeur du cadre.

Paris, le 20 août 1912.

Le Conseiller d'État,

Directeur général des Contributions directes et du Cadastre,

MAURICE-BLOCH.

EXEMPLES FICTIFS.

TABLE DES EXEMPLES FICTIFS.

DIRECTION GÉNÉRALE
DES
CONTRIBUTIONS
DIRECTES
ET DU CADASTRE.

DÉPARTEMENT
d ....

COMMUNE
d ....

EXEMPLE FICTIF N° 1.

MODÈLE N° 1.

Instruction
du 20 août 1912.

CONSERVATION DU CADASTRE.
(Loi du 17 mars 1898.)

TOURNÉE DE *1910* POUR *1911*.

PROPRIÉTÉS NON BÂTIES.

ÉTAT

présentant la composition et l'origine des parcelles créées pour *1911* et le relevé des augmentations et diminutions de matière imposable constatées pour ladite année.

NOTA. — Le présent état est dressé par le conservateur suivant les règles tracées par l'Instruction du 20 août 1912 (voir notamment les articles 100 à 103), additionné et récapitulé par page.

Les colonnes 8 et 14 sont remplies par la Direction (art. 75 et 76 de l'Instruction précitée). Toutes les inscriptions relatives à des parcelles non imposables à porter dans les colonnes 9, 11, 19 et 22 sont faites à l'encre rouge [1]. En ce qui concerne cette catégorie de parcelles la contenance est indiquée pour mémoire dans la colonne d'observations et on porte des guillemets dans les colonnes 10, 12 et 13.

[1] Les inscriptions à faire à l'encre rouge sont imprimées en caractères romains dans le présent exemple fictif.

Format in-folio écu.   8

SITUATION ANCIENNE D'APRÈS LA MATRICE CADASTRALE							Case complémentaire de l'état de section où la parcelle a été inscrite.	SITUATION NOUVELLE						EN PLUS pour constatation de matière imposable nouvelle.		EN MOINS pour disparition de matière imposable.		LIEU-DIT.	NUMÉRO de l'extrait de l'enregistrement.	OBSERVATIONS. Motifs des mutations non justifiées par des extraits de l'enregistrement et des impositions et suppressions de matière imposable.	NATURE de la propriété au moment des travaux de conservation. (D'après les constatations faites sur le terrain.)
Section.	Numéro du plan.	Contenance.	Nature de la propriété.	Classe.	Revenu imposable.	Vadin de la matière cadastrale.		Numéro du plan.	Contenance.	Nature de la propriété (D'après les indications de la colonne 4.)	Classe.	Revenu imposable.	Point auquel la parcelle a été mutée.	Contenance.	Revenu imposable.	Contenance.	Revenu imposable.				
	2	3	4	5	6	7	8	9	10	11	12	13	14	15	16	17	18	19	20	21	23
A	2.b	1 21	Pré.	1	2 18	1													2		
	2^b	2 52	Terre.	1	4 23	2		2.c	6 03	Terre, pré.	1-1	6 41	2					Les Valettes.	»		Terre.
	4bis.a	1 62	Terre.	2	1 62	2													4		
	4bis.b	2 01	Terre.	2	2 01	4													5		
	5	8 72	Vigne.	2	6 08	3		5.a	12 35	Vigne, terre.	2-2	10 61	7					Idem.	6		Vigne.
	3	6 79	Pré.	2	10 19	5															
	7	9 89	Terre.	2	9 89	5		7.a	16 68	Pré, terre.	2-2	20 08	3					Idem.	3		Pré.
V. P.		Chemin rural non reconnu dit de la Traverse.				"		322/10	1 34	Sol de jeu de boules.	1	2 01	2	1 34	2 01			Mononailles.	7	Ancien chemin de la Traverse vendu à un particulier.	Sol de jeu de boules.
	11	2 45	Sol et cour.	1	3 68	4													11		
	12	4 55	Sol et cour.	1	6 84	2		12.a	7 01	Sol et cour.	1	10 82	2					Idem	»		Sol et cour.
	13	6 83	Terre.	1	10 25	6		13.a	6 83	Terre.	1	10 25	8					Idem.	12		Terre.
	13	6 84	Terre.	1	10 25	6		13.b	6 84	Terre.	1	10 25	7					Idem.	»	Vente s. s. p. enregistrée le 6 mai 1904, par Saglar, Louis, à Dupont, Pierre, charpentier, à Néyseyrat.	Terre.
	6.b	57	Vigne.	2	45	2													»		
	321/6.b	69	Vigne.	2	55	1													8		
	14	12 81	Vigne.	2	10 25	2		14.a	14 07	Vigne.	2	11 25	2					Idem.	»		Vigne.
	6.b	1 19	Vigne.	2	95	2													9		
	321/6.b	1 12	Vigne.	2	90	1													10		
	15	12 12	Terre.	2	12 12	3		16.a	14 43	Terre, vigne.	2-2	13 97	3					Idem	»		Terre.
TOTAUX. (1re page.)		82 24			99 34				83 58			98 35		1 34	2 01						

8.

Column groups: **SITUATION ANCIENNE D'APRÈS LA MATRICE CADASTRALE** (col. 1–7) · col. 8 · **SITUATION NOUVELLE** (col. 9–14) · **EN PLUS** par suite de constatation de matière imposable nouvelle (col. 15–16) · **EN MOINS** pour disparition de matière imposable (col. 17–18) · LIEU-DIT (19) · NUMÉRO (20) · OBSERVATIONS (21) · NATURE (22).

Section du plan (1)	N° du plan (2)	Contenance (3)	Nature de la propriété (4)	Classe (5)	Revenu imposable (6)	Folio de la matrice cadastrale (7)	Case complémentaire de l'état de section où la parcelle a été inscrite (8)	N° du plan (9)	Contenance (10)	Nature de la propriété (D'après les indications de la colonne 4.) (11)	Classe (12)	Revenu imposable (13)	Folio auquel la parcelle a été annotée (14)	EN PLUS — Contenance (15)	Revenu imposable (16)	EN MOINS — Contenance (17)	Revenu imposable (18)	Lieu-dit, rue et numéro (19)	Numéro de l'extrait de l'enregistrement (20)	Observations — Motifs des mutations non justifiées par des extraits de l'enregistrement et des impositions et suppressions de matière imposable (21)	Nature de la propriété au moment des travaux de conservation (D'après les constatations faites sur le terrain) (22)
A	16	11.16	Terre.	2	11 16	5		16.a		Cimetière.	«		8			11 16	11 16	Manœuvres.	13	11 16 pour mémoire. Surface affectée au cimetière.	Cimetière.
	16	9.44	Terre.	2	9 44	5		16.b	9 44	Terre.	2	9 49	5					Idem.	»		Terre.
	17.a	6.25	Bois.	1	2.50	5													15		
	17.b	13.03	Bois.	1	5.21	3		17 c	10 28	Bois.	1	2 71	1					Idem.	14		Bois.
	18	.86	Terre.	2	86	3		V.P.	«	«	«	« «	V.P			86	86		16	Surface de 0a 86, d'un revenu cadastral de 0f 86, incorporée au chemin rural n° 6.	Chemin public.
	18	34.51	Terre.	2	34 51	3		18.a	34 51	Terre.	2	34 51	3					Le Breil.	»		Terre.
	18	1.86	Terre.	2	1 86	3													29		
V.P.		Chemin rural n° 6.												1 29	1 03				21	Surface de 1a 29 (vigne de 2e classe), d'un revenu cadastral de 1f 03, tirée du chemin rural n° 6 et incorporée à la parcelle n° 19.a.	
	19	13.94	Terre.	2	13 94	2		19.a	17 09	Vigne, terre.	2-2	16 83	2					Idem.	»		Vigne.
V.P.		Chemin rural n° 6.												« 18	« 18				19	Surface de 18 centiares (terre de 2e classe), d'un revenu de 0f 18, tirée du chemin rural n° 6 et incorporée à la parcelle n° 20.a.	
	20	10.68	Terre.	2	10 68	1		20.a	17 06	Terre.	2	17 06	1					Idem.	»		Terre.
	21	11.26	Terre.	2	11 26	4		21.a	11 28	Terre.	2	11 28	8					Idem.	»		Terre.
	21	1.54	Terre.	2	1 54	6													18		
	34	10.13	Terre.	2	10 13	6		34.a	11 67	Terre.	2	11 67	6					Idem.	»		Terre.
	23	1.34	Sol et cour.	1	2 01	4													20		
	24	1.81	Sol et cour.	1	2 72	5		24.a	3 15	Sol et cour.	1	6 73	5					Idem.	»		Sol et cour.
	24	.29	Sol et cour.	1	63	5		24.b	29	Sol et cour.	1	43	5					Idem.	»	Construction d'un bâtiment formant parcelle.	Sol.
TOTAUX. (2e page.)		1.34.82			124 67				1 23 77			113 66		1 47	1 21	12 02	12 02				

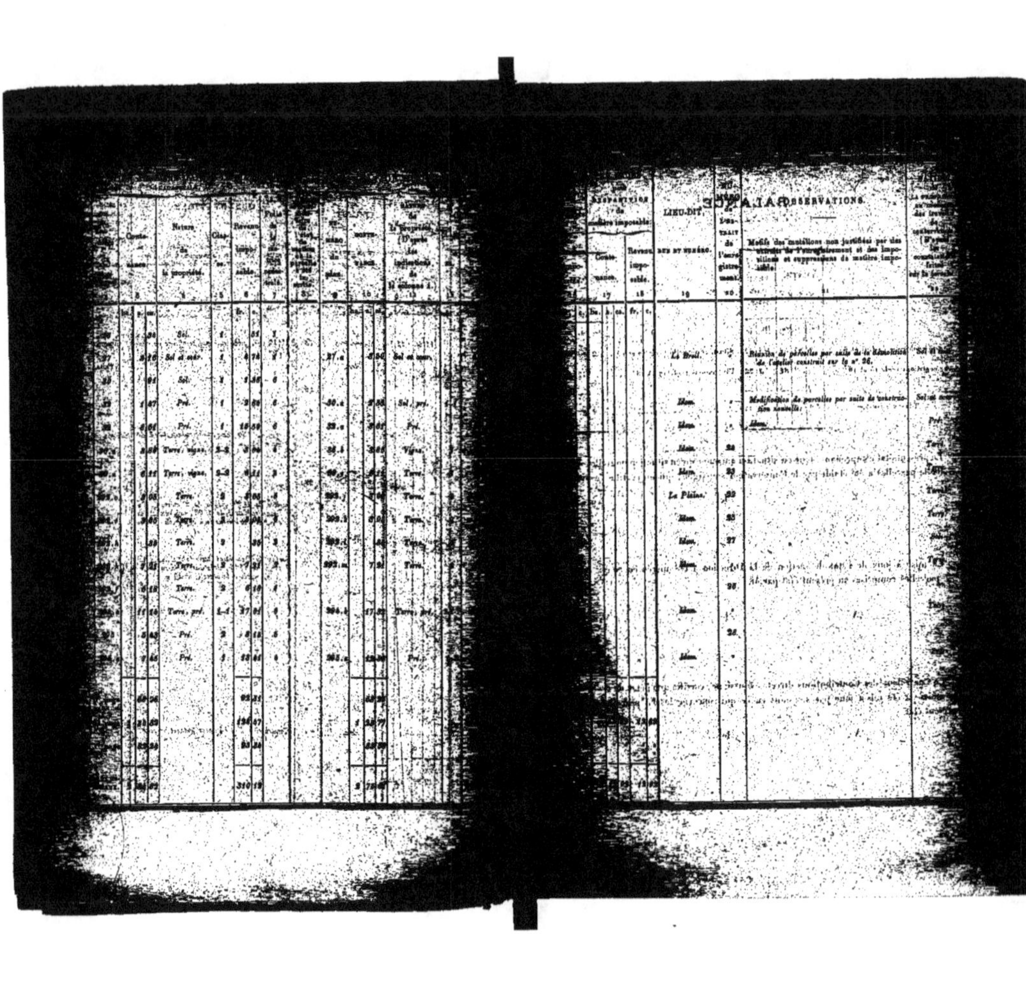

BALANCE.

	CONTE-NANCE.			REVENU IMPOSABLE.				CONTE-NANCE.			REVENU IMPOSABLE.	
	ha.	a.	ca.	fr.	c.			ha.	a.	ca.	fr.	c.
Situation ancienne (col. 3 et 6)...	2	84	82	310	12	Situation nouvelle (col. 10 et 13).		2	75	61	301	32
Augmentations (col. 15 et 16)....		2	81	3	22	Diminutions (col. 17 et 18).....			12	02	12	02
Totaux égaux........	2	87	63	313	34	....		2	87	63	313	34

Le présent état comprenant, tant en situation ancienne qu'en situation nouvelle, *77* inscriptions de parcelles a été établi par le Conservateur soussigné, qui en certifie l'exactitude.

A   , le   19   .

La mise à jour de l'état de section de la Direction a été opérée en ce qui concerne les *77* parcelles comprises au présent état par M.

A   , le   19   .

Le Contrôleur des Contributions directes soussigné, certifie que l'état de section déposé à la mairie a été mis à jour par ses soins en ce qui concerne les *77* parcelles comprises au présent état.

A   , le   19   .

EXEMPLE FICTIF N° II.

ÉTAT

DES MODIFICATIONS CONSTATÉES

PAR LE CONSERVATEUR DU CADASTRE

DANS LA CONFIGURATION DES PROPRIÉTÉS BÂTIES

DIRECTION GÉNÉRALE
DES
CONTRIBUTIONS
DIRECTES
ET DU CADASTRE.

DÉPARTEMENT
d

COMMUNE
d

CONSERVATION
(Loi du

PROPRIÉTÉS

ÉTAT des modifications constatées par le Conservateur du cadastre

| SEC- TION. 1 | SITUATION ANCIENNE. | | | | | INDICATION DES MODIFICATIONS — constatées. 7 |
	NUMÉRO du plan. 2	NATURE de la propriété. 3	REVENU NET. 4 (f. / c.)	NOM du propriétaire. 5	CASE de la matrice. 6	
A						Construction nouvelle.
						Création.
	11	Maison.	160 "	Mallet.	4	Démolition.
	12	Maison.	300 "	Baron.	2	Addition de construction.
	26	Atelier.	45 »	Arias.	1	Démolition.
	23	Maison.	90 "	Mallet.	4	Réunion de 2 maisons.
	24	Maison.	120 "	Mauron.	5	
						Construction nouvelle.
						Construction nouvelle.
						Construction nouvelle.

(1) Indiquer qu'il y a eu imposition foncière ou suppression pour telle année, ou que le renseignement a été consigné au

Format in-folio deux.

MODÈLE N° 7.

DU CADASTRE.
17 mars 1898.)

BÂTIES.

Instruction
du 20 août 1912.

Tournée
de 1910
pour 1911.

dans la configuration des propriétés bâties.

| SITUATION NOUVELLE. | | | | SUITE DONNÉE par LE CONTRÔLEUR (1). 12 |
NUMÉRO du plan. 8	NATURE de la propriété. 9	NOM, PRÉNOMS, PROFESSION et demeure du nouveau propriétaire. 10	CASE de la matrice. 11	
9	Maison.	Mallet (Émile).	4	
322/10	Jeu de boules.	Baron (Jean).	2	
12.a	Maison.	Baron (Jean).	2	
24.a	Maison.	Mauron (Léopold).	5	
24.b	Écurie et remise.	Mauron (Léopold).	5	
30.a	Atelier.	Saglan (Louis).	6	
232.1	Atelier.	Dupont (Pierre), charpentier, à Négrepont.	"	

registre des constructions nouvelles, ou qu'il n'y a pas lieu à imposition foncière pour tel motif.

EXEMPLE FICTIF No III.

FEUILLES DE MUTATION

DE PROPRIÉTÉS NON BÂTIES.

Nota. — Les inscriptions à faire à l'encre rouge sont imprimées dans le présent exemple fictif en caractères romains.

NUMÉRO D'ORDRE DU CONTRÔLEUR :

(*1*)

d   DÉPARTEMENT

d   COMMUNE

MODÈLE N° 2.

PROPRIÉTÉS NON BÂTIES.

MUTATIONS POUR 1911.

(Instruction du 20 août 1912.)

NUMÉRO D'ORDRE DU DIRECTEUR :

(*1*)

VENDEUR : M. *Arias* (*Louis*).
ACQUÉREUR : M. *Le Même.*

ARTICLE de LA MATRICE générale.	FOLIO de LA MATRICE cadastrale.	REVENU IMPOSABLE.	
		fr.	c.
	1	80	45
	1	80	45

SITUATION ANCIENNE.

FOLIOS de LA MATRICE cadastrale. 1	NUMÉRO du plan. 2	CONTENANCE. 3			NATURE de la propriété. 4	CLASSE. 5	REVENU imposable. 6		SEC-TION. 7	NUMÉRO du plan. 8
		ha.	a.	ca.			fr.	c.		
1	29		16	88	Terre.	2	16	88		
V. P.					Chemin rural n° 6.				A	20.a
1	26			34	Sol.	1		61		
1	27		3	16	Sol et cour.	1	4	74	A.	27.a
TOTAUX......			20	38			22	13		

SITUATION NOUVELLE.

TRIAGE OU LIEU-DIT. 9	CONTENANCE. 10			NATURE de la propriété. 11	CLASSE. 12	REVENU imposable. 13		OBSERVATIONS. 14
	ha.	a.	ca.			fr.	c.	
Le Breil.		17	06	Terre.	2	17	06	Réunion de parcelles.
Le Breil.		3	50	Sol et cour.	1	5	25	Id.
TOTAUX..........		20	56			22	31	Extrait de l'enregistrement n°

Justification de la mutation.................. }
(*Indiquer la nature et la date des actes.*) }

Le { Contrôleur, / Percepteur,

Pour le sieur

déclarant, ayant dit ne savoir signer. | Déclaré le   19   , par les soussignés.
Le Maire,

Format in-folio tellière.

NUMÉRO D'ORDRE
DU CONTRÔLEUR :

(9)

DÉPARTEMENT

(COMMUNE

MODÈLE N° 2.   (Instruction du 20 août 1912.)

PROPRIÉTÉS NON BÂTIES.

MUTATIONS POUR 1911.

VENDEUR : M. *Artus* (*Louis*).
ACQUÉREUR : M. *Baron* (*Jean*).

NUMÉRO D'ORDRE DU DIRECTEUR :

(5)

ARTICLE de LA MATRICE générale.	FOLIO de LA MATRICE cadastrale.	REVENU IMPOSABLE.	
		fr.	c.
	1	58	45
	2	55	40

FOLIOS de LA MATRICE cadastrale. 1	NUMÉRO du plan. 2	SITUATION ANCIENNE. CONTENANCE. 3			NATURE de la propriété. 4	CLASSE. 5	REVENU imposable. 6		SEC- TION. 7	NUMÉRO du plan. 8	SITUATION NOUVELLE. TRIAGE OU LIEU-DIT. 9	CONTENANCE. 10			NATURE de la propriété. 11	CLASSE. 12	REVENU imposable. 13		OBSERVATIONS. 14
		ha.	a.	c.			fr.	c.				ha.	a.	ca.			fr.	c.	
1	24b		1	21	Pré.	1	2	18											
2	2 bis			69	Vigne.	2		55	A	2,c	Les Valettes.		4	83	Terre, pré.	1-1	6	41	
1	321								A	14,a									
TOTAUX			1	90			2	73			TOTAUX		4	03			6	41	

Justification de la mutation . . . . } Vente
(*Indiquer la nature et la date des actes.*) } Vente

notariée du 7 novembre 1909.
notariée du 3 janvier 1910.

Le { Contrôleur,
{ Percepteur,

Pour le sieur

... déclarant, ayant dit ne savoir signer. | Déclaré le   19   , par les soussignés.
Le Maire.

Extraits de l'enregistrement n°° 8 et 2.

Format in-folio tellière.

9

MODÈLE N° 2. (Instruction du 20 août 1912.)

PROPRIÉTÉS NON BÂTIES.

MUTATIONS POUR 1911.

NUMÉRO D'ORDRE DU CONTRÔLEUR :

(3)

DÉPARTEMENT

COMMUNE

VENDEUR : M. *Artus (Louis)*.

ACQUÉREUR : M. *Lombrail (Jean)*.

NUMÉRO D'ORDRE DU DIRECTEUR :

(11)

ARTICLE de LA MATRICE générale.	FOLIO de LA MATRICE cadastrale.	REVENU IMPOSABLE.	
		fr.	c.
	1	50	45
	3	112	83

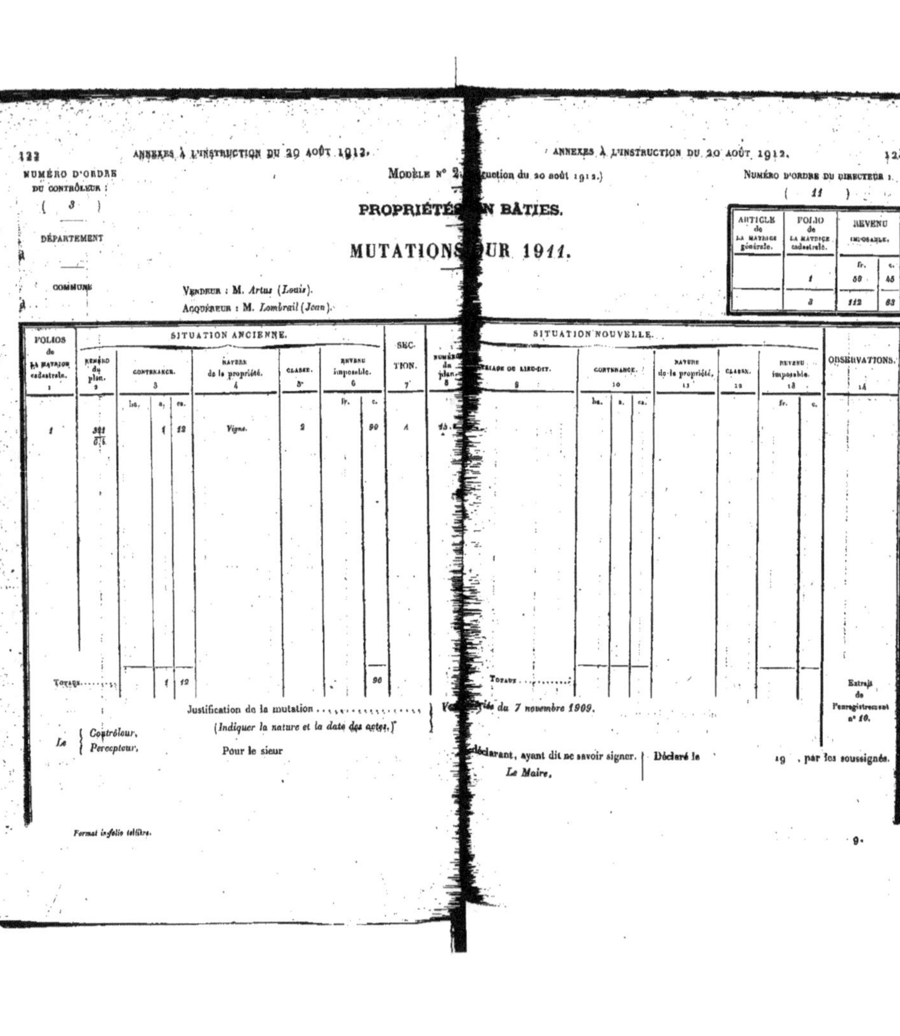

FOLIOS de LA MATRICE cadastrale. 1	NUMÉRO du plan. 2	CONTENANCE. 3			NATURE de la propriété. 4	CLASSE. 5	REVENU imposable. 6		SEC-TION. 7	NUMÉRO du plan. 8	TRIAGE OU LIEU-DIT. 9	CONTENANCE. 10			NATURE de la propriété. 11	CLASSE. 12	REVENU imposable. 13		OBSERVATIONS. 14
		ha.	a.	ca.			fr.	c.				ha.	a.	ca.			fr.	c.	
1	341 bis	1	12		Vigne.	2	90		A	15										
Totaux......		1	12				90				Totaux......									Extrait de l'enregistrement n° 10.

Justification de la mutation .... Vente sous seing privé du 7 novembre 1909.

(*Indiquer la nature et la date des actes.*)

Le { Contrôleur, { Percepteur,

Pour le sieur

Le déclarant, ayant dit ne savoir signer.

Le Maire,

Déclaré le   19   , par les soussignés.

Format in-folio teltibre.

9.

NUMÉRO D'ORDRE
DU CONTRÔLEUR :

(4)

DÉPARTEMENT

d

COMMUNE

d

MODÈLE N° 2 (Instruction du 20 août 1912.)

PROPRIÉTÉS NON BÂTIES.

MUTATIONS POUR 1911.

VENDEUR : M. *Artus* (*Louis*).
ACQUÉREUR : M. *Saglan* (*Louis*).

NUMÉRO D'ORDRE DU DIRECTEUR :

(20)

ARTICLE de LA MATRICE générale.	FOLIO de LA MATRICE cadastrale.	REVENU IMPOSABLE.	
		fr.	c.
	1	50	45
	6	81	68

FOLIOS de LA MATRICE cadastrale. 1	NUMÉRO du plan. 2	CONTENANCE. 3			NATURE de la propriété. 4	CLASSE. 5	REVENU imposable. 6		SEC-TION. 7	NUMÉRO du plan. 8	VILLAGE OU LIEU-DIT. 9	CONTENANCE. 10			NATURE de la propriété. 11	CLASSE. 12	REVENU imposable. 13		OBSERVATIONS. 14
		ha.	a.	ca.			fr.	c.				ha.	a.	ca.			fr.	c.	
1	293. f		6	18	Terre.	2	6	18	A	294.									
TOTAUX......			6	18			6	18			TOTAUX......								Extrait de l'enregistrement n° 26.

Justification de la mutation.................
(Indiquer la nature et la date des actes.)

Vente sous seing privé du 14 août 1910.

Le { Contrôleur,
     { Percepteur,

Pour le sieur

Déclarant, ayant dit ne savoir signer. | Déclaré le   19   , par les soussignés.

Le Maire,

Format in-folio teliêre.

MODÈLE N° (Instruction du 20 août 1912.)

PROPRIÉTÉS NON BÂTIES.

MUTATIONS POUR 1917.

NUMÉRO D'ORDRE DU CONTRÔLEUR : (5)

DÉPARTEMENT

COMMUNE

Vendeur : M. *Baron* (*Jean*).
Acquéreur : M. *Le Même*.

NUMÉRO D'ORDRE DU DIRECTEUR : (6)

ARTICLE de LA MATRICE générale.	POLIO de LA MATRICE cadastrale.	REVENU imposable.	
		fr.	c.
	2	56	40
	2	56	40

SITUATION ANCIENNE.

FOLIOS de LA MATRICE cadastrale. 1	NUMÉRO du plan. 2	CONTENANCE. ha.	3 a.	ca.	NATURE de la propriété. 4	CLASSE. 5	REVENU imposable. fr.	6 c.	SEC-TION. 7
2	2 bis			82	Terre.	1	4	23	A
2	1?			56	Sol et cour.	1	6	86	
4	1?								A
2	1?		1?	81	Vigne.	2	10	25	
2	6 b			57	Vigne.	2		45	
1	381 / 8.6								A
2	1?		1?	94	Terre.	2	13	94	
V. P.					Chemin rural n° 6.				
3	1?								A
2/10	292 b		7	21	Terre.	2	7	21	A
Totaux...			41	91			42	92	

SITUATION NOUVELLE.

TRIAGE OU LIEU-DIT. 8	CONTENANCE. ha.	10 a.	ca.	NATURE de la propriété. 11	CLASSE. 12	REVENU imposable. fr.	13 c.	OBSERVATIONS. 14
								Reste de parcelle divisée.
Manonières.		7	01	Sol et cour.	1	10	52	Réunion de parcelles.
Manonières.		14	07	Vigne.	2	11	25	Id.
Le Breil.		17	09	Vigne, terre.	2-2	16	83	Id.
La Plaine.		7	21	Terre.	2	7	21	Reste de parcelle divisée.
Totaux...		45	36			45	81	Extrait de l'enregistrement n°

Justification de la mutation ....

(*Indiquer la nature et la date des actes.*)

Le { Contrôleur, Percepteur.   Pour le sieur

déclarant, ayant dit ne savoir signer. | Déclaré le   19 , par les soussignés.
Le Maire.

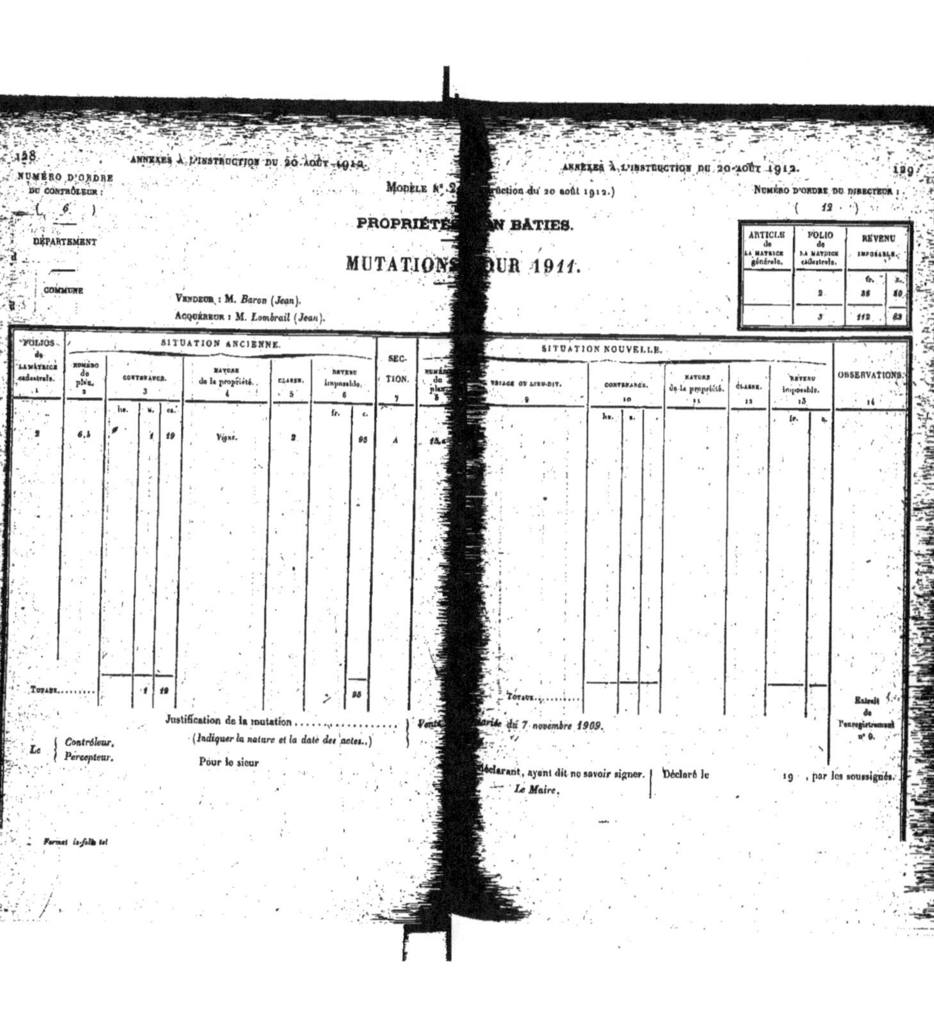

NUMÉRO D'ORDRE
DU CONTRÔLEUR :

(6)

DÉPARTEMENT

d

COMMUNE

MODÈLE N° 2 (Instruction du 20 août 1912.)

PROPRIÉTÉS NON BÂTIES.

MUTATIONS POUR 1911.

VENDEUR : M. *Baron* (Jean).

ACQUÉREUR : M. *Lombrail* (Jean).

NUMÉRO D'ORDRE DU DIRECTEUR :

(12)

ARTICLE de LA MATRICE générale.	FOLIO de LA MATRICE cadastrale.	REVENU IMPOSABLE.	
		fr.	c.
	2	35	40
	3	112	63

FOLIOS de LA MATRICE cadastrale. 1	NUMÉRO du plan. 2	CONTENANCE. 3			NATURE de la propriété. 4	CLASSE. 5	REVENU imposable. 6		SEC-TION. 7	NUMÉRO du plan. 8	TRIAGE OU LIEU-DIT. 9	CONTENANCE. 10		NATURE de la propriété. 11	CLASSE. 12	REVENU imposable. 13		OBSERVATIONS. 14
		he.	a.	ca.			fr.	c.				he.	a.			fr.	c.	
2	6,5		1	19	Vigne.	2		95	A	15,c									
TOTAUX........			1	19				95			TOTAUX........								

Justification de la mutation .... } Vente ..... notariée du 7 novembre 1909.

(Indiquer la nature et la date des actes..)

Le { Contrôleur,
   { Percepteur.

Pour le sieur

Déclarant, ayant dit ne savoir signer. | Déclaré le   19 , par les soussignés.

— Le Maire.

Extrait de l'enregistrement n° 9.

Format in-folio tel

NUMÉRO D'ORDRE
DU CONTRÔLEUR :

(7)

DÉPARTEMENT

d

COMMUNE

d

MODÈLE N° 2. (Instruction du 20 août 1912.)

PROPRIÉTÉS NON BÂTIES.

MUTATIONS POUR 1911.

VENDEUR : M. *Baron* (*Jean*).
ACQUÉREUR : M. *Dupont* (*Pierre*).

NUMÉRO D'ORDRE DU DIRECTEUR :

(23)

ARTICLE de LA MATRICE générale.	FOLIO de LA MATRICE cadastrale.	REVENU IMPOSABLE.	
		fr.	c.
	2	56	40
	7	3	55

FOLIOS de LA MATRICE cadastrale. 1	NUMÉRO du plan. 2	CONTENANCE. 3			NATURE de la propriété. 4	CLASSE. 5	REVENU imposable. 6		SEC-TION. 7	NUMÉRO du plan. 8	VILLAGE OU LIEU-DIT. 9	CONTENANCE. 10			NATURE de la propriété. 11	CLASSE. 12	REVENU imposable. 13		OBSERVATIONS. 14
		ha.	a.	ca.			fr.	c.				ha.	a.	ca.			fr.	c.	
2	4 bis. a		1	62	Terre.	2	1	62	A	5.a									
2/10	292. b			35	Terre.	2		35	A	292.b	La Plaine.			35	Terre.	2		25	
TOTAUX........			1	97			1	97			TOTAUX...........			35				25	Extraits de l'enregistrement n°° 4 et 27.

SITUATION ANCIENNE. — SITUATION NOUVELLE.

Justification de la mutation .... } Vente *notariée du 23 décembre 1910.*
(*Indiquer la nature et la date des actes.*) } Vente *notariée du 9 juillet 1910.*

Le { Contrôleur, / Percepteur.

Pour le sieur

déclarant, ayant dit ne savoir signer. | Déclaré le   19   , par les soussignés.
Le Maire.

Format in-folio tellière.

NUMÉRO D'ORDRE
DU CONTRÔLEUR :

(8)

DÉPARTEMENT

d

COMMUNE

d

MODÈLE N° 2.   (Instruction du 20 août 1912.)

PROPRIÉTÉS   NON BÂTIES.

MUTATIONS   POUR 1911.

VENDEUR : M. *Lambrail* (Jean).
ACQUÉREUR : M. *Artus* (Louis).

NUMÉRO D'ORDRE DU DIRECTEUR :

(2)

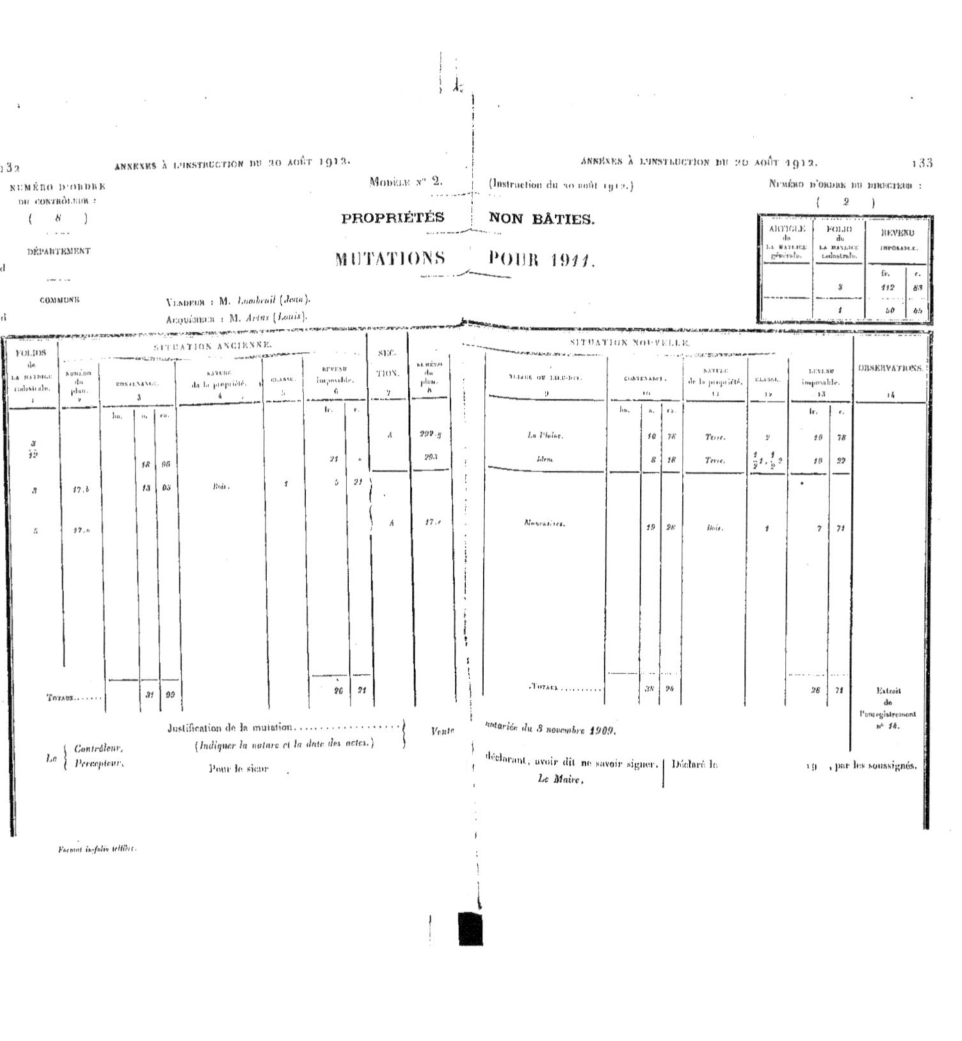

ARTICLE de LA MATRICE générale.	FOLIO du LA MATRICE cadastrale.	REVENU IMPOSABLE.	
		fr.	c.
	3	112	83
	1	50	45

FOLIOS de LA MATRICE cadastrale. 1	NUMÉRO du plan. 2	CONTENANCE. 3			NATURE de la propriété. 4	CLASSE. 5	REVENU imposable. 6		SEC- TION. 7	NUMÉRO du plan. 8
		ha.	a.	ca.			fr.	c.		
3									A	299.g
12		18	96				21	»		293
3	17.b	13	03		Bois.	1	5	21	A	17.e
5	17.a									
TOTAUX......		31	99				26	21		

VILLAGE OU LIEU-DIT. 9	CONTENANCE. 10			NATURE de la propriété. 11	CLASSE. 12	REVENU imposable. 13		OBSERVATIONS. 14
	ha.	a.	ca.			fr.	c.	
La Plaine.	10	78		Terre.	2	10	78	
Idem.	8	18		Terre.	$\frac{1}{2}1, \frac{1}{2}2$	10	22	
Noucasires.	19	28		Bois.	1	7	71	
TOTAUX.........	38	24				26	71	Extrait de l'enregistrement n° 14.

Justification de la mutation...................... } Vente *notariée du 3 novembre 1909.*
(Indiquer la nature et la date des actes.) }

Le { Contrôleur,
     Percepteur,

Pour le sieur   .

déclarant, avoir dit ne savoir signer. | Déclaré le   19   , par les soussignés.
Le Maire.

Format in-folio tellière.

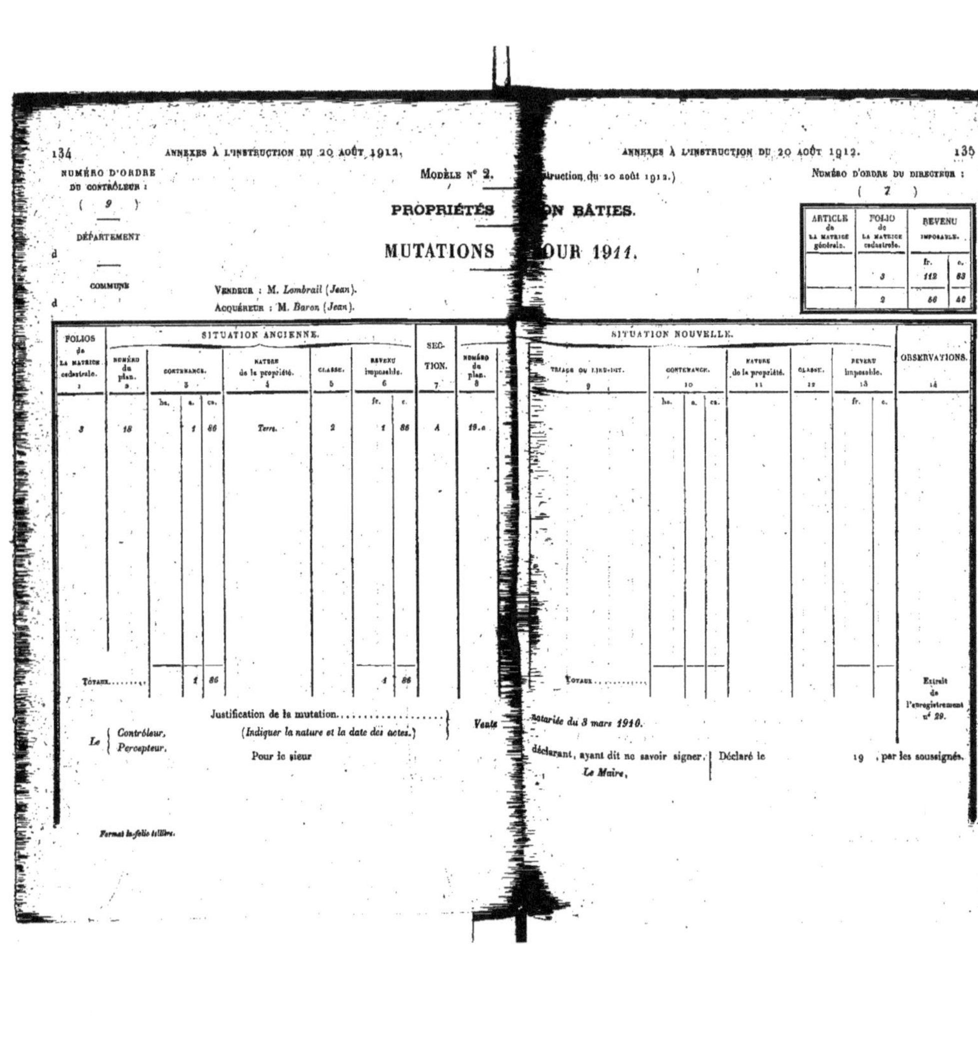

NUMÉRO D'ORDRE
DU CONTRÔLEUR :

(9)

DÉPARTEMENT

d _____

COMMUNE

d _____

MODÈLE N° 2.

PROPRIÉTÉS [NO]N BÂTIES.

MUTATIONS [P]OUR 1911.

VENDEUR : M. *Lombrail (Jean)*.
ACQUÉREUR : M. *Baron (Jean)*.

(...struction du 20 août 1912.)

NUMÉRO D'ORDRE DU DIRECTEUR :

(7)

ARTICLE de LA MATRICE générale.	FOLIO de LA MATRICE cadastrale.	REVENU IMPOSABLE.	
		fr.	c.
	3	112	83
	2	66	40

FOLIOS de LA MATRICE cadastrale. 1	NUMÉRO du plan. 2	CONTENANCE. 3			NATURE de la propriété. 4	CLASSE. 5	REVENU imposable. 6		SEC-TION. 7	NUMÉRO du plan. 8	TRIAGE OU LIEU-DIT. 9	CONTENANCE. 10			NATURE de la propriété. 11	CLASSE. 12	REVENU imposable. 13		OBSERVATIONS. 14
		ha.	a.	ca.			fr.	c.				ha.	a.	ca.			fr.	c.	
3	18		1	86	Terre.	2	1	86	A	19.a									
TOTAUX			1	86			1	86			**TOTAUX**								Extrait de l'enregistrement n° 29.

Justification de la mutation...................
(Indiquer la nature et la date des actes.)

Pour le sieur

Le { Contrôleur,
     { Percepteur,

Vente   notariée du 3 mars 1910.

...déclarant, ayant dit ne savoir signer, | Déclaré le   19   , par les soussignés.
Le Maire,

Format in-folio tellière.

MODÈLE N° 2 (Instruction du 20 août 1912.)

PROPRIÉTÉS NON BÂTIES.

MUTATIONS POUR 1911.

NUMÉRO D'ORDRE.
DU CONTRÔLEUR ,
(10.)

DÉPARTEMENT
d

COMMUNE
d

VENDEUR : M. *Lombrail* (*Jean*).
ACQUÉREUR : *Le même.*

NUMÉRO D'ORDRE DU DIRECTEUR :
(13)

ARTICLE de LA MATRICE générale.	FOLIO de LA MATRICE cadastrale.	REVENU IMPOSABLE.	
		fr.	c.
	3	112	83
	3	112	83

FOLIOS de LA MATRICE cadastrale. 1	NUMÉRO du plan. 2	CONTENANCE. 3			NATURE de la propriété. 4	CLASSE. 5	REVENU imposable. 6		SEC-TION. 7	NUMÉRO du plan. 8	TRIAGE OU LIEU-DIT. 9	CONTENANCE. 10			NATURE de la propriété. 11	CLASSE. 12	REVENU imposable. 13		OBSERVATIONS. 14
		ha.	a.	ca.			fr.	c.				ha.	a.	ca.			fr.	c.	
3	15		12	12	Terre.	2	12	12											
1	321 / 6.1																		
2	6.1								A	15.a	Manœuvres.		15	43	Terre, vigne.	2-2	13	97	Réunion de parcelles.
3	18		34	51	Terre.	2	34	51	A	15.a	Manœuvres.		34	51	Terre.	2	34	51	Reste de parcelle divisée.
TOTAUX......			46	63			46	63			TOTAUX......		48	94			48	48	Extrait de l'enregistrement n°

Justification de la mutation....................
(*Indiquer la nature et la date des actes.*)

Le { Contrôleur. Percepteur,

Pour le sieur

déclarant, ayant dit ne savoir signer. | Déclaré le 19 , par les soussignés.
Le Maire.

Format in-folio tellière.

19

NUMÉRO D'ORDRE
DU CONTRÔLEUR :

(11)

DÉPARTEMENT
d

COMMUNE
d

MODÈLE N° (Instruction du 20 août 1912.)

PROPRIÉTÉS NON BÂTIES.

MUTATION POUR 1911.

VENDEUR : M. Lombrail (Jean).
ACQUÉREUR : M. Dupont (Pierre).

NUMÉRO D'ORDRE DU DIRECTEUR :

(24)

ARTICLE de LA MATRICE générale.	FOLIO de LA MATRICE cadastrale.	REVENU IMPOSABLE.	
		fr.	c.
	3	112	83
	7	3	55

FOLIOS de LA MATRICE cadastrale. 1	NUMÉRO du plan. 2	CONTENANCE. 3			NATURE de la propriété. 4	CLASSE. 5	ÉVALUE imposable. 6		SEC- TION. 7	NUMÉRO du plan. 8	NOMS DE LIEU DIT. 9	CONTENANCE. 10			NATURE de la propriété. 11	CLASSE. 12	REVENU imposable. 13		OBSERVATIONS. 14
		ha.	a.	ca.			fr.	c.					ha.	a.	ca.			fr.	c.	
3	5		8	72	Vigne.	2	6	98												
2	4bis, a								A	6.4	Les Vables.		12	35	Vigne, terre.	2-3	10	61	
4	4bis, b																			
Totaux........			8	72			6	98		Totaux........			12	35			10	61	Extrait de l'enregistrement n° 6.

Justification de la mutation................ } Vente notariée du 24 décembre 1909.
(Indiquer la nature et la date des actes.) }

Le { Contrôleur,
     Percepteur,

Pour le sieur

déclarant, ayant dit ne savoir signer. | Déclaré le
Le Maire,

19   , par les soussignés.

Format in-folio lettre.

NUMÉRO D'ORDRE.
DU CONTRÔLEUR :

(12)

DÉPARTEMENT
d

COMMUNE
d

MODÈLE N°

PROPRIÉTÉ NON BÂTIES.

MUTATION POUR 1911.

VENDEUR : M. *Loubrail (Jean)*.
ACQUÉREUR : M. *Non imposable*.

(Instruction du 20 août 1912.)

NUMÉRO D'ORDRE DU DIRECTEUR :
(*29 et dernier*)

ARTICLE de LA MATRICE générale.	FOLIO de LA MATRICE cadastrale.	REVENU IMPOSABLE.	
		fr.	c.
	3	112	83

FOLIOS de LA MATRICE cadastrale. 1	SITUATION ANCIENNE.					SEC-TION. 7	NUMÉRO du plan. 8	SITUATION NOUVELLE.					OBSERVATIONS. 14
	NUMÉRO du plan. 2	CONTENANCE. 3	NATURE de la propriété. 4	CLASSE. 5	REVENU imposable. 6			TRIAGE OU LIEU-DIT. 9	CONTENANCE. 10	NATURE de la propriété. 11	CLASSE. 12	REVENU imposable. 13	
		ha. a. ca.			fr. c.				ha. a. ca.			fr. c.	
3	18	66	Terre.	2	66	A	V.	Surface incorporée au chemin rural n° 6.					Contingents à diminuer.
TOTAUX		66			66			TOTAUX					Extrait de l'enregistrement n° 16.

Justification de la mutation........................
(*Indiquer la nature et la date des actes.*)

Le { Contrôleur,
{ Percepteur,

Pour le sieur

...administrative du 6 août 1909.

déclarant, ayant dit ne savoir signer. | Déclaré le   19   , par les soussignés.
Le Maire.

Format in-folio tellière.

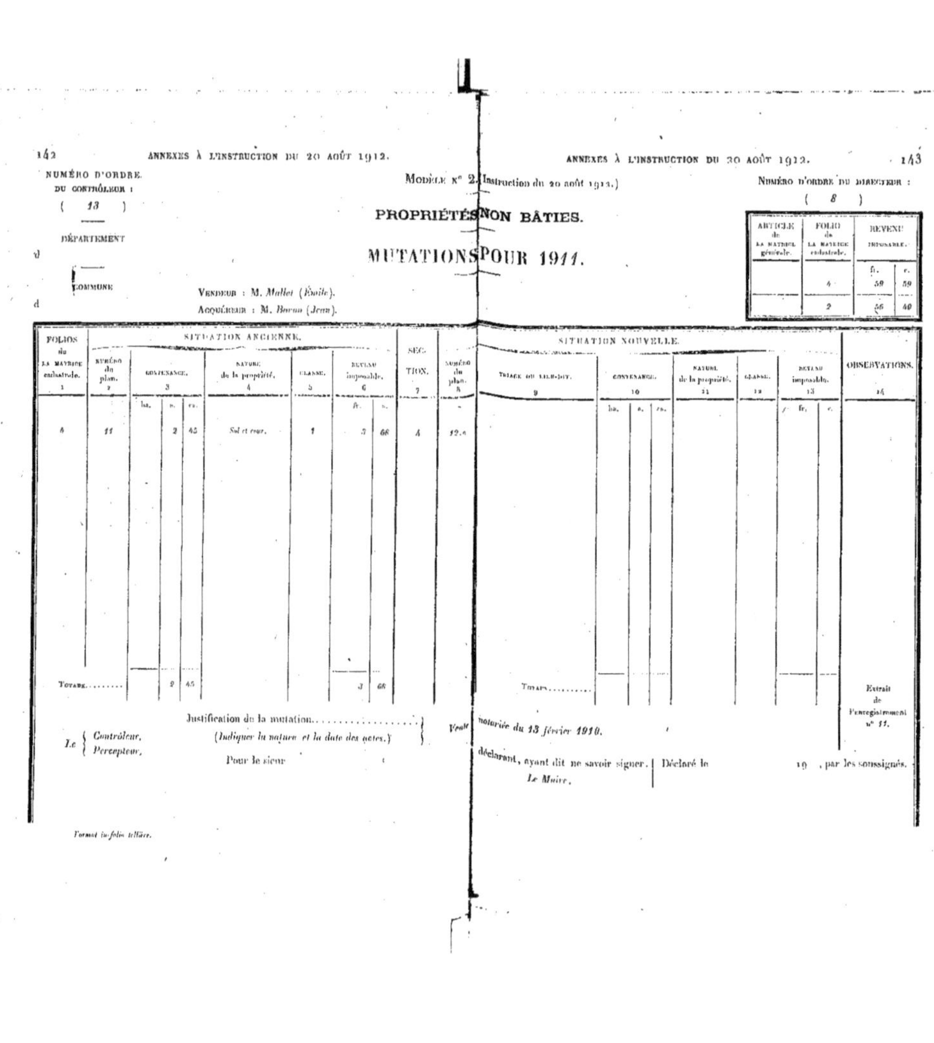

MODÈLE N° 2. (Instruction du 20 août 1912.)

NUMÉRO D'ORDRE.
DU CONTRÔLEUR :

(13)

DÉPARTEMENT

COMMUNE

PROPRIÉTÉS NON BÂTIES.

MUTATIONS POUR 1911.

VENDEUR : M. *Mallet* (*Émile*).
ACQUÉREUR : M. *Boron* (*Jean*).

NUMÉRO D'ORDRE DU DIRECTEUR :

(8)

ARTICLE de LA MATRICE générale.	FOLIO de LA MATRICE cadastrale.	REVENU IMPOSABLE.	
		fr.	c.
	4	59	59
	2	56	40

FOLIOS du LA MATRICE cadastrale. 1	NUMÉRO du plan. 2	CONTENANCE. 3			NATURE de la propriété. 4	CLASSE. 5	REVENU imposable. 6		SECTION. 7	NUMÉRO du plan. 8	TRIAGE OU LIEU-DIT. 9	CONTENANCE. 10			NATURE de la propriété. 11	CLASSE. 12	REVENU imposable. 13		OBSERVATIONS. 14
		ha.	a.	ca.			fr.	c.				ha.	a.	ca.			fr.	c.	
4	11	2	45		Sol et cour.	1	3	68	4	12.a									
TOTAUX........		2	45				3	68			TOTAUX........								Extrait de l'enregistrement n° 11.

Justification de la mutation.................
(Indiquer la nature et la date des actes.)

Le { Contrôleur, Percepteur,

Pour le sieur

Vente notariée du 13 février 1910.

déclarant, ayant dit ne savoir signer. | Déclaré le   19   , par les soussignés.
Le Maire,

Format in-folio tellière.

NUMÉRO D'ORDRE
DU CONTRÔLEUR :

(14)

DÉPARTEMENT
d

COMMUNE
d

VENDEUR : M. *Mallet* (Émile).
ACQUÉREUR : M. *Le même.*

MODÈLE N° 2 (Instruction du 20 août 1912.)

PROPRIÉTÉS NON BÂTIES.

MUTATIONS POUR 1911.

NUMÉRO D'ORDRE DU DIRECTEUR :

(15)

ARTICLE de LA MATRICE générale.	FOLIO de LA MATRICE cadastrale.	REVENU IMPOSABLE.	
		fr.	c.
	4	59	59
	4	59	59

FOLIOS de LA MATRICE cadastrale. 1	NUMÉRO du plan. 2	CONTENANCE. 3			NATURE de la propriété. 4	CLASSE. 5	REVENU imposable. 6		SEC-TION. 7	NUMÉRO du plan. 8	TRIAGE OU LIEU-DIT. 9	CONTENANCE. 10			NATURE de la propriété. 11	CLASSE. 12	REVENU imposable. 13		OBSERVATIONS. 14
		ho.	a.	ca.			fr.	c.				ho.	a.	ca.			fr.	c.	
4	21		11	28	Terre.	2	11	28	A	21. »	La Breil.		11	28	Terre.	2	11	28	Reste de parcelle divisée.
4/11	296. »		7	45	Pré.	1	13	41												
5	295								A	295. »	La Plaine.		12	88	Pré.	1-2	21	56	Réunion de parcelles.
Totaux			18	73			24	69			Totaux		24	16			32	84	Extrait de l'enregistrement n°

Justification de la mutation....................
(Indiquer la nature et la date des actes.)

Le { Contrôleur, / Percepteur.

Pour le sieur

déclarant, ayant dit ne savoir signer. | Déclaré le   19   , par les soussignés,

Le Maire.

NUMÉRO D'ORDRE DU CONTRÔLEUR :

(15)

DÉPARTEMENT d

——

COMMUNE d

MODÈLE N° 2. (Instruction du 20 août 1912.)

PROPRIÉTÉS NON BÂTIES.

MUTATIONS POUR 1911.

VENDEUR : M. Mallet (Émile).

ACQUÉREUR : M. Mauron (Léopold).

NUMÉRO D'ORDRE DU DIRECTEUR :

(18)

ARTICLE de LA MATRICE générale.	FOLIO du LA MATRICE cadastrale.	REVENU IMPOSABLE.	
		fr.	c.
	4	59	50
	5	103	09

FOLIOS de LA MATRICE cadastrale. 1	NUMÉRO du plan. 2	CONTENANCE. 3			NATURE de la propriété. 4	CLASSE. 5	REVENU imposable. 6		SEC-TION. 7	NUMÉRO du plan. 8	VILLAGE OU LIEU-DIT. 9	CONTENANCE. 10			NATURE de la propriété. 11	CLASSE. 12	REVENU imposable. 13		OBSERVATIONS. 14
		ha.	a.	ca.			fr.	c.				ha.	a.	ca.			fr.	c.	
4	23		1	34	Sol et cam.	1	2	01	A	24, a									
4	36, a		3	80	Terr., vigne.	2.2	3	04	A	36, b	Le B.R.		3	80	Vigne.	2	3	04	
Totaux......			5	14			5	05			Totaux......		3	80			3	04	Extraits de l'enregistrement n°s 20 et 24.

Justification de la mutation............... } Vente sous seings privés enregistrée le 9 juillet 1909.

(Indiquer la nature et la date des actes.) } Vente notariée du 3 février 1910.

Le { Contrôleur, Percepteur,

Pour le sieur

déclarant, ayant dit ne savoir signer. | Déclaré le   19   , par les soussignés.

Le Maire.

Format in-folio tellière.

NUMÉRO D'ORDRE
DU CONTRÔLEUR :

(16)

DÉPARTEMENT
d

COMMUNE
d

MODÈLE N° 2.

PROPRIÉTÉS NON BÂTIES.

MUTATIONS POUR 1911.

(Instruction du 20 août 1912.)

VENDEUR : M. Mallet (Émile).
ACQUÉREUR : M. Saglan (Louis).

NUMÉRO D'ORDRE DU DIRECTEUR :

(21)

ARTICLE de LA MATRICE générale.	FOLIO de LA MATRICE cadastrale.	REVENU IMPOSABLE.	
		fr.	c.
	4	59	39
	6	81	68

FOLIOS de LA MATRICE cadastrale. 1	NUMÉRO du plan. 2	CONTENANCE. 3			NATURE de la propriété. 4	CLASSE. 5	REVENU imposable. 6		SEC-TION. 7	NUMÉRO du plan. 8	TIRAGE DU LIEU-DIT. 9	CONTENANCE. 10			NATURE de la propriété. 11	CLASSE. 12	REVENU imposable. 13		OBSERVATIONS. 14
		ha.	a.	ca.			fr.	c.				ha.	a.	ca.			fr.	c.	
4	21		1	54	Terr.	2	1	54	A	34. a									
4	36. a		6	11	Terr., vigne.	2-2	6	11	A	36. c	Le Breil.		6	11	Terr.	2	6	11	
TOTAUX........			7	65			7	65			TOTAUX........		6	11			6	11	Extraits de l'enregistrement. n⁰ˢ 18 et 23.

Le { Contrôleur.
    { Percepteur.

Justification de la mutation..................... } Vente
    (Indiquer la nature et la date des actes.) } Vente

Pour le sieur

notariée du 12 décembre 1909.
notariée du 3 février 1910.

déclarant, ayant dit ne savoir signer. | Déclaré le   19   , par les soussignés.
Le Maire.

Format in-folio tellière.

MODÈLE N° 2.

PROPRIÉTÉS NON BÂTIES.

MUTATIONS POUR 1911.

(Instruction du 20 août 1912.)

NUMÉRO D'ORDRE DU CONTRÔLEUR :

(17)

DÉPARTEMENT

COMMUNE

VENDEUR : M. *Mallet (Émile)*.
ACQUÉREUR : M. *Dupont (Pierre)*.

NUMÉRO D'ORDRE DU DIRECTEUR :

(25)

ARTICLE de la matrice générale.	FOLIO de la matrice cadastrale.	REVENU IMPOSABLE.	
		fr.	c.
	4	59	59
	7	3	55

FOLIOS de la matrice cadastrale. 1	NUMÉRO du plan. 2	CONTENANCE. 3			NATURE de la propriété. 4	CLASSE. 5	REVENU imposable. 6		SEC-TION. 7	NUMÉRO du plan. 8
		ha.	a.	ca.			fr.	c.		
4	4bis. b		2	01	Terr.	2	2	01	A	5. a
TOTAUX.........			2	01			2	01		

SITUATION ANCIENNE.

Justification de la mutation................) Vente
(Indiquer la nature et la date des actes.) }
Pour le sieur

Le { Contrôleur,
    Percepteur,

Format in-folio tellière.

TRIAGE DU LIEU-DIT. 9	CONTENANCE. 10			NATURE de la propriété. 11	CLASSE. 12	REVENU imposable. 13		OBSERVATIONS. 14
	ha.	a.	ca.			fr.	c.	
TOTAUX.........								

SITUATION NOUVELLE.

notariée du *15 décembre 1909.*

déclarant, ayant dit ne savoir signer. | Déclaré le   19 , par les soussignés.
    Le Maire,

Extrait de l'enregistrement n° 5.

NUMÉRO D'ORDRE
DU CONTRÔLEUR :

(18)

DÉPARTEMENT
d

COMMUNE
d

MODÈLE N° 2

PROPRIÉTÉ͏͏S BÂTIES.

MUTATIONS POUR 1911.

VENDEUR : M. *Maurou* (*Léopold*).
ACQUÉREUR : M. *Artus* (*Louis*).

(...tion du 20 août 1912.)

NUMÉRO D'ORDRE DU DIRECTEUR :

(8)

ARTICLE de LA MATRICE générale.	FOLIO de LA MATRICE cadastrale.	REVENU IMPOSABLE.	
		fr.	c.
	5	108	00
	1	50	35

FOLIOS de LA MATRICE cadastrale. 1	NUMÉRO du plan. 2	CONTENANCE. 3			NATURE de la propriété. 4	CLASSE. 5	REVENU imposable. 6		SEC- TION. 7	NUMÉRO du plan. 8
		ha.	a.	ca.			fr.	c.		
5	17. a		6	25	Bois.	1	2	50	A	17. e
TOTAUX.........			6	25			2	50		

		SITUATION NOUVELLE.							OBSERVATIONS.
OU LIEU-DIT. 9		CONTENANCE. 10			NATURE de la propriété. 11	CLASSE. 12	REVENU imposable. 13		14
		ha.	a.	ca.			fr.	c.	
TOTAUX...									

Justification de la mutation.....................}
(*Indiquer la nature et la date des actes.*)   }

Le { *Contrôleur*, { *Percepteur*,

Pour le sieur

Ve... ...du 6 novembre 1909.

...ayant dit ne savoir signer. | Déclaré l...
...Maire.   19 , par les soussignés.

Extrait de l'enregistrement n° 15.

Format in-folio tellière.

NUMÉRO D'ORDRE DU DIRECTEUR
(14)

EXTRAIT DU CADASTRE
DU CONTRÔLEUR : 12

DÉPARTEMENT

COMMUNE

PROPRIÉTÉS BÂTIES.

MUTATION POUR 1911.

VENDEUR : M. Maurou (Léopold).
ACQUÉREUR : M. Lombrail (Jean).

ARTICLE de LA MATRICE générale.	FOLIO de LA MATRICE cadastrale.	REVENU IMPOSABLE	
		fr.	c.
	5	103	09
	3	112	33

FOLIOS de la matrice cadastrale 1	NUMÉRO du plan 2	CONTENANCE 3			NATURE de la propriété 4	CLASSE 5	REVENU imposable 6		SEC- TION 7		OU ZONE-DIV. 9	CONTENANCE 10			NATURE de la propriété 11	CLASSE 12	REVENU imposable 13		OBSERVATIONS 14
		ha.	a.	ca.			fr.	c.				ha.	a.	ca.			fr.	c.	
5	3		6	79	Pré.	2	10	19			Velaiac.		16	64	Pré, terre.	2-2	20	08	
5	7		9	89	Terre.	2	9	89												
TOTAUX			16	68			20	08			TOTAUX		16	64			20	08	Extrait de l'enregistrement n° 3.

Justification de la mutation....... du 12 novembre 1909.
(Indiquer la nature et la date des actes.)

Le { Contrôleur,
{ Percepteur,

Pour le sieur .... ayant dit ne savoir signer. Déclaré le 19 , par les soussignés.

Format in-folio tellière.

NUMÉRO D'ORDRE
DU CONTRÔLEUR :

(20)

DÉPARTEMENT
d

COMMUNE
d

MODÈLE N° 2.

PROPRIÉTÉS [NO]N BÂTIES.

MUTATIONS [PO]UR 1911.

VENDEUR : M. *Maurou* (*Léopold*).
ACQUÉREUR : M. *Mallet* (*Émile*).

(Instruction du 20 août 1912.)

NUMÉRO D'ORDRE DU DIRECTEUR :

(16)

ARTICLE de LA MATRICE générale.	FOLIO de LA MATRICE cadastrale.	REVENU IMPOSABLE.	
		fr.	c.
	5	103	09
	4	59	59

SITUATION ANCIENNE.

FOLIOS de LA MATRICE cadastrale. 1	NUMÉRO du plan. 2	CONTENANCE. 3			NATURE de la propriété. 4	CLASSE. 5	REVENU imposable. 6		SECTION. 7	NUMÉRO du plan. 8
		ha.	a.	ca.			fr.	c.		
5	295		5	43	Pré.	2	8	15	A	295
TOTAUX......			5	43			8	15		

SITUATION NOUVELLE.

VILLAGE OU LIEU-DIT. 9	CONTENANCE. 10			NATURE de la propriété. 11	CLASSE. 12	REVENU imposable. 13		OBSERVATIONS. 14
	ha.	a.	ca.			fr.	c.	
TOTAUX......								Extrait de l'enregistrement n° 28.

Justification de la mutation..................... }
(*Indiquer la nature et la date des actes.*)
Pour le sieur

Le { Contrôleur,
     Percepteur.

Ven[te] ... [Notari]té du 8 avril 1910.

...Déclarant, ayant dit ne savoir signer. | Déclaré le   19   , par les soussignés.
Le Maire,

Format in-folio tellière.

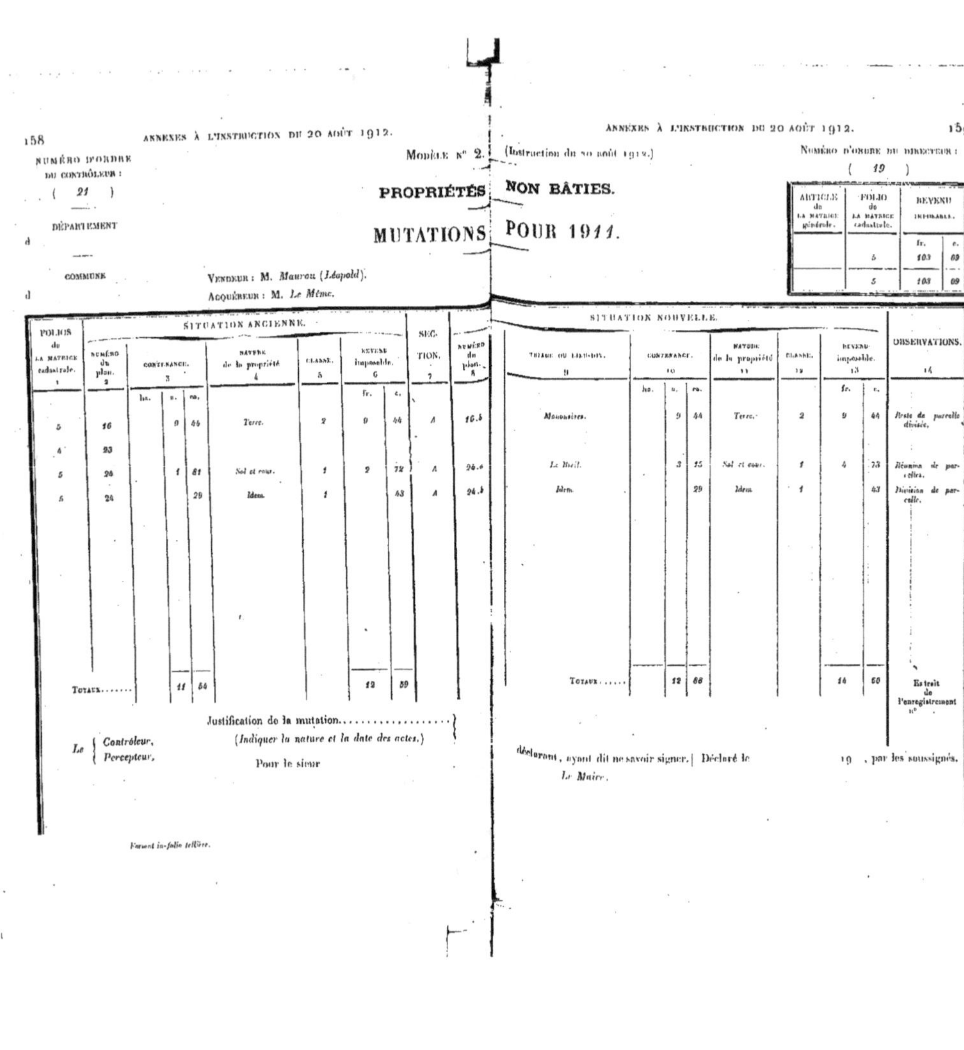

MODÈLE N° 2.   (Instruction du 20 août 1912.)

PROPRIÉTÉS NON BÂTIES.

MUTATIONS POUR 1911.

NUMÉRO D'ORDRE DU CONTRÔLEUR :

(21)

DÉPARTEMENT d

COMMUNE d

VENDEUR : M. *Maurou (Léopold)*.

ACQUÉREUR : M. *Le Même.*

NUMÉRO D'ORDRE DU DIRECTEUR :

(19)

ARTICLE de LA MATRICE générale.	FOLIO de LA MATRICE cadastrale.	REVENU IMPOSABLE.	
		fr.	c.
	5	103	09
	5	103	09

SITUATION ANCIENNE.

FOLIOS de LA MATRICE cadastrale. 1	NUMÉRO du plan. 2	CONTENANCE. 3 (ha. a. ca.)		NATURE de la propriété 4	CLASSE. 5	REVENU imposable. 6 (fr. c.)		SEC-TION. 7	NUMÉRO du plan. 8
5	16	9	44	Terre.	2	9	44	A	16.b
4	23								
5	24	1	81	Sol et cour.	1	2	72	A	24.a
5	24		29	Idem.	1		43	A	24.b
TOTAUX......		11	54			12	59		

SITUATION NOUVELLE.

TIRAGE OU LIEU-DIT. 9	CONTENANCE. 10 (ha. a. ca.)			NATURE de la propriété 11	CLASSE. 12	REVENU imposable. 13 (fr. c.)		OBSERVATIONS. 14
Manonaires.		9	44	Terre.	2	9	44	Reste de parcelle divisée.
Le Hiell.		3	15	Sol et cour.	1	4	73	Réunion de parcelles.
Idem.			29	Idem.	1		43	Division de parcelle.
TOTAUX......		12	88			14	60	Extrait de l'enregistrement n°

Justification de la mutation.................... }

(Indiquer la nature et la date des actes.)

Le { Contrôleur, Percepteur,   Pour le sieur

déclarant, ayant dit ne savoir signer. | Déclaré le   19 , par les soussignés.

Le Maire.

Forment in-folio tellière.

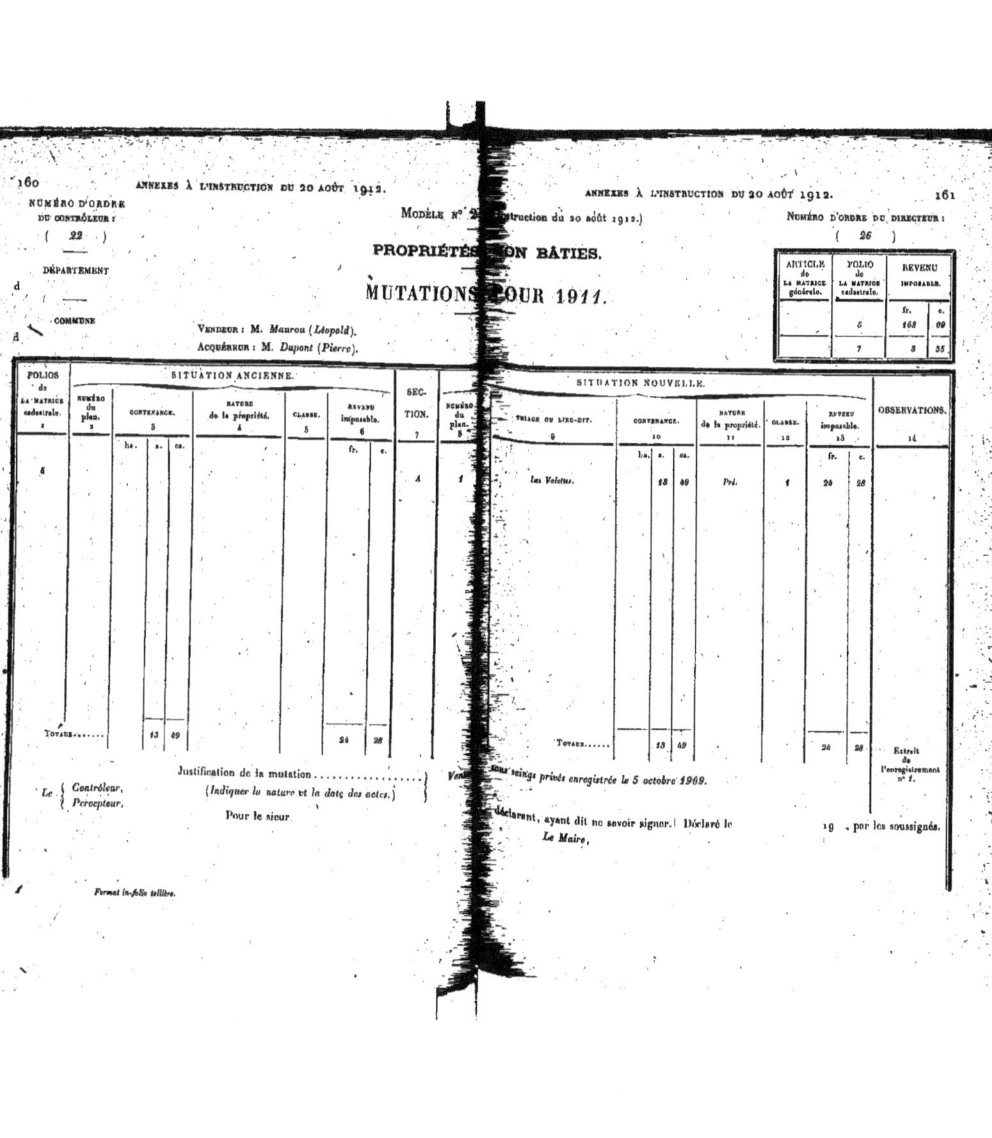

NUMÉRO D'ORDRE DU CONTRÔLEUR :

(22)

DÉPARTEMENT

d

COMMUNE

d

MODÈLE N° 2 (Instruction du 20 août 1912.)

PROPRIÉTÉS NON BÂTIES.

MUTATIONS POUR 1911.

VENDEUR : M. *Maurou* (*Léopold*).
ACQUÉREUR : M. *Dupont* (*Pierre*).

NUMÉRO D'ORDRE DU DIRECTEUR :

(26)

ARTICLE de LA MATRICE générale.	FOLIO de LA MATRICE cadastrale.	REVENU IMPOSABLE.	
		fr.	c.
	6	163	09
	7	3	55

FOLIOS de LA MATRICE cadastrale. 1	NUMÉRO du plan. 2	CONTENANCE. 3			NATURE de la propriété. 4	CLASSE. 5	REVENU imposable. 6		SEC- TION. 7	NUMÉRO du plan. 8	TRIAGE OU LIEU-DIT. 9	CONTENANCE. 10			NATURE de la propriété. 11	CLASSE. 12	REVENU imposable. 13		OBSERVATIONS. 14
		ha.	a.	ca.			fr.	c.				ha.	a.	ca.			fr.	c.	
6									A	1	Les Valettes.	13	49		Prè.	1	24	26	
TOTAUX......		13	49				24	26			TOTAUX......	13	49				24	26	Extrait de l'enregistrement n° 1.

Le { Contrôleur,
   { Percepteur,

Justification de la mutation ....
(*Indiquer la nature et la date des actes.*)
Pour le sieur

Vente sous seings privés enregistrée le 5 octobre 1909.

Déclarant, ayant dit ne savoir signer. | Déclaré le   19 , par les soussignés,
Le Maire,

Format in-folio tellière.

NUMÉRO D'ORDRE DU CONTRÔLEUR :

(23)

DÉPARTEMENT

d

COMMUNE.

d

MODÈLE N° 2. (Instruction du 20 août 1912.)

PROPRIÉTÉS NON BÂTIES.

MUTATIONS POUR 1911.

VENDEUR : M. *Maurou (Léopold)*.

ACQUÉREUR : M. *Non imposable*. — *Commune de Négrepont* ... *pour mémoire.*

NUMÉRO D'ORDRE DU DIRECTEUR :

(28)

ARTICLE de LA MATRICE générale.	FOLIO de LA MATRICE cadastrale.	REVENU IMPOSABLE.	
		fr.	c.
	5	108	09
	8	»	»

FOLIOS de LA MATRICE cadastrale. 1	NUMÉRO du plan. 2	CONTENANCE. 3			NATURE de la propriété. 4	CLASSE. 5	REVENU imposable. 6		SEC-TION. 7	NUMÉRO du plan. 8	TRIAGE OU LIEU-DIT. 9	CONTENANCE. 10			NATURE de la propriété. 11	CLASSE. 12	REVENU imposable. 13		OBSERVATIONS. 14
		ha.	a.	ca.			fr.	c.				ha.	a.	ca.			fr.	c.	
5	16		11	16	Terre.	2	11	16	A	10, a	Manonsères.		11	10	Cimetière.	»	»	»	Contingent à diminuer.
TOTAUX........			11	16			11	16			TOTAUX......		»	»			»	»	Extrait de l'enregistrement n° 13.

... notariée du 8 juillet 1909.

Justification de la mutation.........................⟩ V...

(Indiquer la nature et la date des actes.)

Pour le sieur

Le ⎰ Contrôleur, ⎱ Percepteur,

... déclarant, ayant dit ne savoir signer. | Déclaré le *24 août 1910*, par les soussignés.

Le Maire,

Format in-folio tellière.

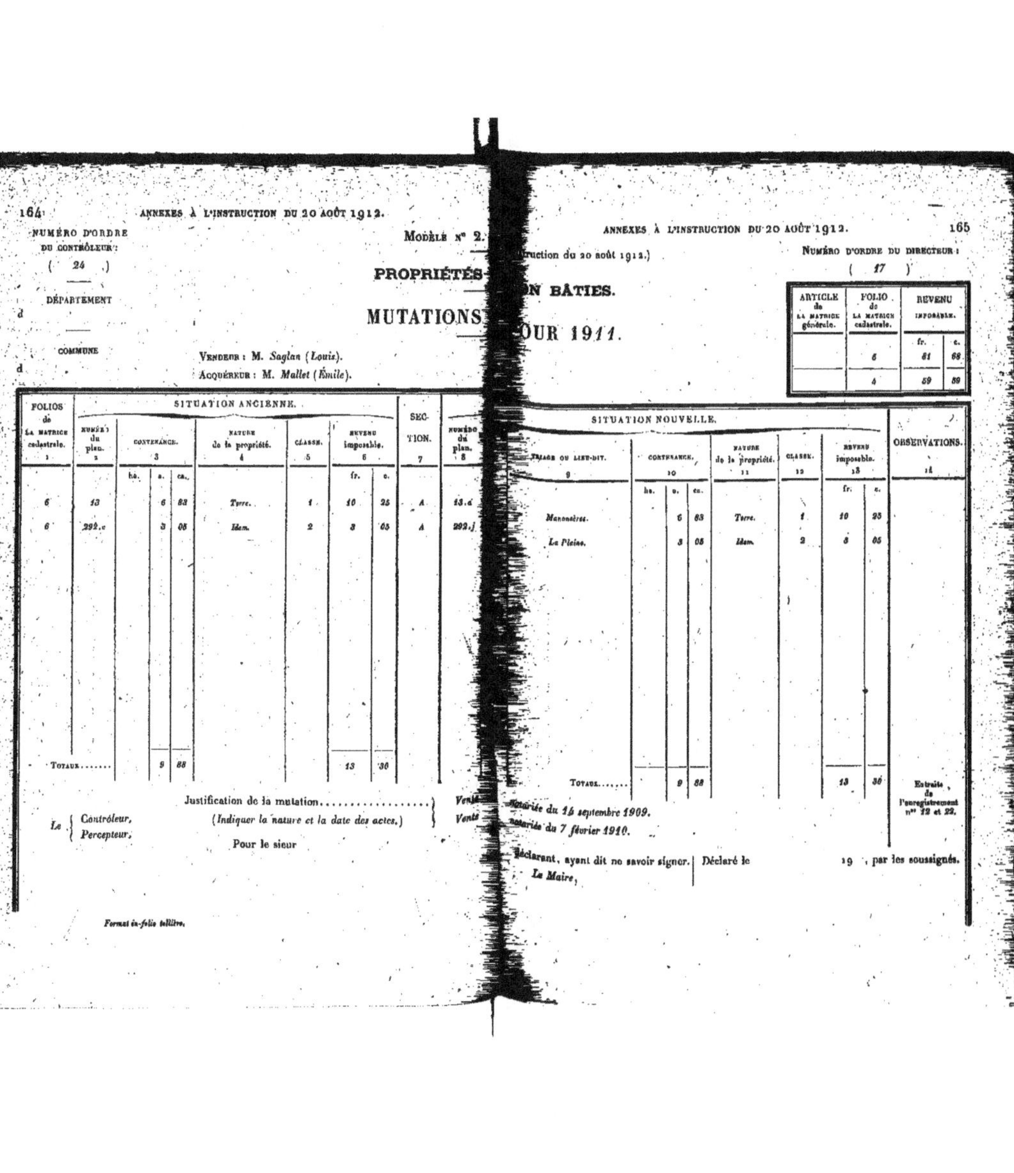

MODÈLE N° 2.

PROPRIÉTÉS NON BÂTIES.

MUTATIONS POUR 1911.

NUMÉRO D'ORDRE
DU CONTRÔLEUR :
(24)

DÉPARTEMENT
d

COMMUNE
d

VENDEUR : M. *Saglan* (*Louis*).
ACQUÉREUR : M. *Mallet* (*Émile*).

NUMÉRO D'ORDRE DU DIRECTEUR :
(17)

ARTICLE de LA MATRICE générale.	FOLIO de LA MATRICE cadastrale.	REVENU IMPOSABLE.	
		fr.	c.
	6	81	68
	4	59	89

FOLIOS de LA MATRICE cadastrale. 1	NUMÉRO du plan. 2	CONTENANCE. 3			NATURE de la propriété. 4	CLASSE. 5	REVENU imposable. 6		SEC-TION. 7	NUMÉRO du plan. 8
		ha.	a.	ca.			fr.	c.		
6	13		6	83	Terre.	1	10	25	A	13.d
6	292.c		3	05	Idem.	2	3	05	A	292.j
TOTAUX......			9	88			13	30		

	SITUATION NOUVELLE.							OBSERVATIONS.
TRIAGE OU LIEU-DIT. 9	CONTENANCE. 10			NATURE de la propriété. 11	CLASSE. 12	REVENU imposable. 13		14
	ha.	a.	ca.			fr.	c.	
Manonsères.		6	83	Terre.	1	10	25	
La Plaine.		3	05	Idem.	2	8	05	
TOTAUX........		9	88			13	30	Extrait de l'enregistrement n°s 12 et 22.

Le { Contrôleur,
{ Percepteur,

Justification de la mutation................ } Vente
(Indiquer la nature et la date des actes.) } Vente

Pour le sieur

Notariée du 16 septembre 1909.
notariée du 7 février 1910.

Déclarant, ayant dit ne savoir signer. | Déclaré le 19 , par les soussignés.
Le Maire,

Format in-folio tellitre.

MODÈLE N° 2. (Instruction du 20 août 1912.)

PROPRIÉTÉS NON BÂTIES.

MUTATIONS POUR 1911.

NUMÉRO D'ORDRE DU CONTRÔLEUR : (25)

DÉPARTEMENT d

COMMUNE d

VENDEUR : M. Saylan (Louis.)

ACQUÉREUR : M. Le même.

NUMÉRO D'ORDRE DU DIRECTEUR : (22)

ARTICLE de LA MATRICE générale.	FOLIO de LA MATRICE cadastrale.	REVENU IMPOSABLE.	
		fr.	c.
	6	81	68
	6	81	68

FOLIOS de LA MATRICE cadastrale. 1	NUMÉRO du plan. 2	CONTENANCE. 3 (ha.)	(a.)	(ca.)	NATURE de la propriété. 4	CLASSE. 5	REVENU imposable. 6 (fr.)	(c.)	SEC-TION. 7	NUMÉRO du plan. 8	TIRAGE OU LIEU-DIT. 9	CONTENANCE. 10 (ha.)	(a.)	(ca.)	NATURE de la propriété. 11	CLASSE. 12	REVENU imposable. 13 (fr.)	(c.)	OBSERVATIONS. 14
6	36			91	Sol.	1	1	36											
6	32		1	47	Pré.	1	9	64	A	30.a	Le Theil.		2	35	Sol. pré.	1-1	4	00	Réunion de parcelles.
6	32		8	61	Idem.	1	15	50	A	32.a	Idem.		8	61	Pré.	1	15	50	Division de parcelle.
4	21																		
6	34		10	13	Terre.	2	10	13	A	34.a	Idem.		11	67	Terre.	2	11	67	Réunion de parcelles.
1	292.f																		
6	294.a		11	14	Terre, pré.	1-1	17	01	A	294.b	La Pluinc.		17	32	Terre, pré.	2-1-1	23	19	Idem.
TOTAUX......			32	26			46	64			TOTAUX......		39	98			54	36	Extrait de l'enregistrement n°

Justification de la mutation.................. }

(Indiquer la nature et la date des actes.) }

Le { Contrôleur, { Percepteur,

Pour le sieur

déclarant, ayant dit ne savoir signer. | Déclaré le 19 , par les soussignés.

Le Maire.

Format in-folio réglitre.

MODÈLE N° ... (du 20 août 1912.)

PROPRIÉTÉS BÂTIES.

MUTATION POUR 1911.

NUMÉRO D'ORDRE DU CONTRÔLEUR : (26)

NUMÉRO D'ORDRE DU DIRECTEUR : (27)

DÉPARTEMENT

COMMUNE

VENDEUR : M. Saglah (Louis).

ACQUÉREUR : M. Dupont (Pierre).

ARTICLE de LA MATRICE générale.	FOLIO de LA MATRICE cadastrale.	REVENU IMPOSABLE.	
		fr.	c.
	6	81	68
	7	13	55

FOLIOS de la matrice cadastrale (1)	NUMÉRO du plan (2)	CONTENANCE (3) ha / a / ca	NATURE de la propriété (4)	CLASSE (5)	REVENU imposable (6) fr / c	SECTION (7)	NUMÉRO du plan (8)	COMMUNE ou LIEU-DIT (9)	CONTENANCE (10) ha / a / ca	NATURE de la propriété (11)	CLASSE (12)	REVENU imposable (13) fr / c	OBSERVATIONS (14)
8	13	6 / 84	Terre.	1	10 / 25	A	13	renardière	6 / 84	Terre.	1	10 / 25	
4	292 e	3 / 05	Terre.	2	3 / 05	A	292	la Plaine	3 / 05	Terre.	2	3 / 65	
TOTAUX......		9 / 89			13 / 30				9 / 89			13 / 30	Extrait de l'enregistrement n° 25.

Justification de la mutation ....
(Indiquer la nature et la date des actes.)

Pour le sieur

Le { Contrôleur, Percepteur,

Format in-folio-tellière.

...gistrée le 6 mai 1904.

...12 janvier 1910.

...ayant dit ne savoir signer. | Déclaré le 12 mai 1910. par les soussignés.

Saglan.   Dupont.

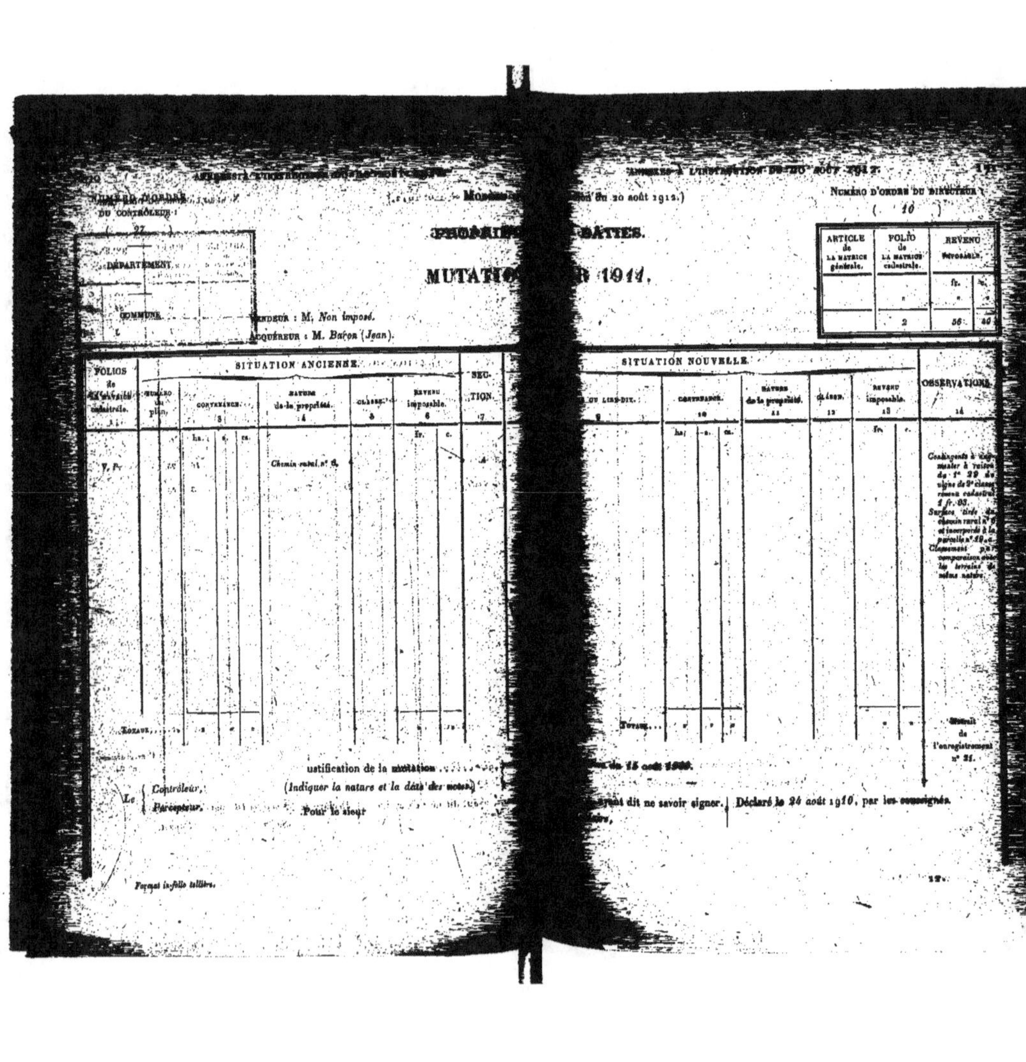

(Modèle ... du 20 août 1912.)

NUMÉRO D'ORDRE DU DIRECTEUR

(10)

NUMÉRO D'ORDRE DU CONTRÔLEUR : 27

DÉPARTEMENT

COMMUNE

PROPRIÉTÉS BÂTIES.

MUTATION POUR 1911.

VENDEUR : M. Non imposé.

ACQUÉREUR : M. Baron (Jean).

ARTICLE de LA MATRICE générale.	FOLIO de LA MATRICE cadastrale.	REVENU imposable.	
		fr.	c.
	»	»	»
	2	56	40

FOLIOS de la matrice cadastrale. 1	NUMÉRO du plan. 2	SITUATION ANCIENNE. CONTENANCE. 3			NATURE de la propriété. 4	CLASSE. 5	REVENU imposable. 6		SECTION. 7	SITUATION NOUVELLE. ou LIEU-DIT. 9	CONTENANCE. 10			NATURE de la propriété. 11	CLASSE. 12	REVENU imposable. 13		OBSERVATIONS. 14
		ha.	a.	ca.			fr.	c.			ha.	a.	ca.			fr.	c.	
					Chemin rural n° 6													Contingents à augmenter à raison de 1 a. 29 de vigne de 2e classe revenu cadastral 1 fr. 03. Surface tirée du chemin rural n° 6 et incorporée à la parcelle n° 19 a. Classement par comparaison avec les terrains de même nature.
Totaux...										Totaux...								Extrait de l'enregistrement n° 21.

Justification de la mutation
(Indiquer la nature et la date des actes)

Le Contrôleur,
Le Percepteur,

Pour le ajout

... dit ne savoir signer. | Déclaré le 24 août 1910, par les soussignés.

Format in-folio tellière.

NUMÉRO D'ORDRE
DU CONTRÔLEUR :

(28)

DÉPARTEMENT
d

COMMUNE
d

MODÈLE N° …

PROPRIÉTÉ[S] … BÂTIES.

MUTATION … POUR 1911.

VENDEUR : M. *Non imposé.*
ACQUÉREUR : M. *Artus (Louis).*

(…ction du 20 août 1912.)

NUMÉRO D'ORDRE DU DIRECTEUR :

(4)

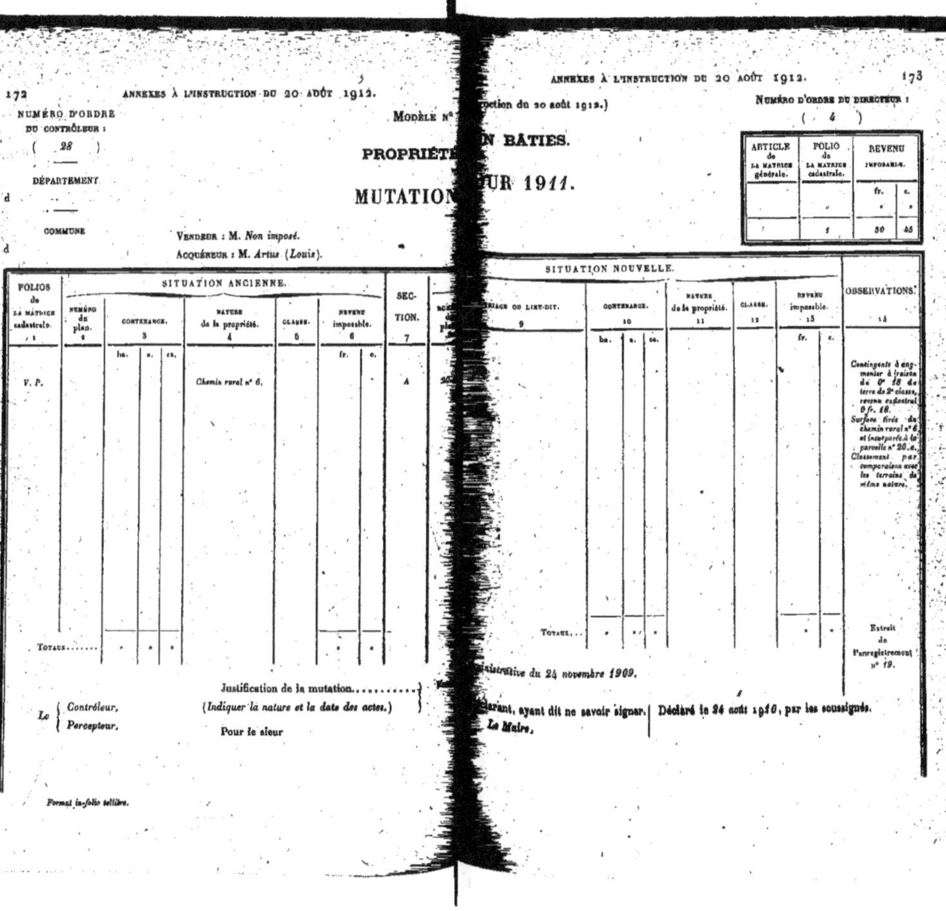

ARTICLE de LA MATRICE générale.	FOLIO de LA MATRICE cadastrale.	REVENU IMPOSABLE.	
		fr.	c.
		»	»
»	1	50	45

FOLIOS de LA MATRICE cadastrale. 1	NUMÉRO du plan. 2	CONTENANCE. 3			NATURE de la propriété. 4	CLASSE. 5	REVENU imposable. 6		SEC-TION. 7	NUMÉRO du plan. 8	VILLAGE OU LIEU-DIT. 9	CONTENANCE. 10			NATURE de la propriété. 11	CLASSE. 12	REVENU imposable. 13		OBSERVATIONS. 14
		ha.	a.	ca.			fr.	c.				ha.	a.	ca.			fr.	c.	
V. P.					Chemin rural n° 6.				A	20										*Contingent à augmenter à raison de 0ᶜ 18 de terre de 2ᵉ classe, revenu cadastral 0 fr. 18. Surface tirée du chemin rural n° 6 et incorporée à la parcelle n° 20.a. Classement par comparaison avec les terrains de même nature.*
TOTAUX		»	»	»			»	»			TOTAUX	»	»	»			»	»	*Extrait de l'enregistrement n° 19.*

Justification de la mutation………}
(*Indiquer la nature et la date des actes.*)

Pour le sieur

Le { Contrôleur,
    { Percepteur,

…istrative du 24 novembre 1909.

…arant, ayant dit ne savoir signer. | Déclaré le 24 août 1910, par les soussignés.
Le Maire.

Format in-folio tellière.

NUMÉRO D'ORDRE
DU CONTRÔLEUR :

(29 et dernier.)

DÉPARTEMENT

d —

COMMUNE

d —

MODÈLE N° 2 (Instruction du 20 août 1912.)

PROPRIÉTÉS NON BÂTIES.

MUTATIONS POUR 1911.

VENDEUR : M. *Non imposé.*
ACQUÉREUR : M. *Baron (Jean).*

NUMÉRO D'ORDRE DU DIRECTEUR :

(9)

ARTICLE de LA MATRICE générale.	FOLIO de LA MATRICE cadastrale.	REVENU IMPOSABLE.	
		fr.	c.
	»	»	»
	2	56	40

FOLIOS de LA MATRICE cadastrale. 1	SITUATION ANCIENNE.					SEC-TION. 7	NUMÉRO du plan. 8	SITUATION NOUVELLE.					OBSERVATIONS. 14
	NUMÉRO du plan. 2	CONTENANCE. 3	NATURE de la propriété. 4	CLASSE. 5	REVENU imposable. 6			TRIAGE OU LIEU-DIT. 9	CONTENANCE. 10	NATURE de la propriété. 11	CLASSE. 12	REVENU imposable. 13	
		ha. a. ca.			fr. c.				ha. a. ca.			fr. c.	
V. P.			*Chemin rural non reconnu dit «La Traverse».*			A	377/78	*Manonsières.*	1 34	*Sol de jeu de boules.*	1	2 01	*Contingents à augmenter. Parcelle devenue imposable évaluée sur le pied des terrains environnants (terres de 1re classe).*
TOTAUX......		» » »			» »			TOTAUX...	» 1 34			2 01	Extrait de l'enregistrement n° 7.

Le { Contrôleur,
    { Percepteur,

Justification de la mutation........... }
(Indiquer la nature et la date des actes.) } *Vente* administrative du 14 juin 1909.

Pour le sieur

déclarant, ayant dit ne savoir signer. | Déclaré le 24 août 1910, par les soussignés.
Le Maire.

Format in-folio tellière.

EXEMPLE FICTIF N° IV.

———

FEUILLES DE MUTATION

DE PROPRIÉTÉS BÂTIES.

———

NOTA. — Les modèles réels sont tirés sur papier de couleur. (Voir Instruction générale sur les mutations).

NUMÉRO D'ORDRE
DU CONTRÔLEUR :

(1)

DÉPARTEMENT

d

COMMUNE

d

PROPRIÉTÉS BÂTIES.

MUTATIONS POUR 1911.

Vendeur : M. *Artus (Louis)*.
Acquéreur : M. *Non imposable*.

NUMÉRO D'ORDRE DU DIRECTEUR :

(10) (et dernier).

ARTICLE de LA MATRICE générale.	PROPRIÉTÉS BÂTIES.		P. N. B.
	CASE.	REVENU NET.	FOLIO.
	1	fr. c. 225	1
.	.	.	.

CASE où les parcelles sont inscrites. 1	SECTION. 2	NUMÉRO du PLAN. 3	LIEU-DIT, QUARTIER, RUE, ETC. 4	NATURE de LA PROPRIÉTÉ. 5	REVENU NET.			VALEUR LOCATIVE CORRESPONDANTE.		PORTES et FENÊTRES. Nombre d'ouvertures. 11	OBSERVATIONS. 12	MOTIFS DES CHANGEMENTS. 13
					MAISONS. 6	USINES. 7	TOTAL. 8	Maisons. 9	Usines. 10			
					fr. c.	fr. c.	fr. c.	francs.	francs.			
1	A	26	Le Breil.	Atelier.	45		45	60		1 à 5	Annexe.	Démolition en 1910.
2												
3												
4												
5												
6												
7												
8												
9												
10												
11												
12												
			TOTAUX........		45		45	60				Extrait de l'enregistrement n°

Le Contrôleur,

Déclaré le *24 août 1910*, par les soussignés.

NUMÉRO D'ORDRE
DU CONTRÔLEUR :

(2)

DÉPARTEMENT
d

COMMUNE
d

PROPRIÉTÉS BÂTIES.

MUTATIONS POUR 1911.

VENDEUR : M. *Baron* (*Jean*).
ACQUÉREUR : M. *Le même.*

NUMÉRO D'ORDRE DU DIRECTEUR :

(1)

ARTICLE de LA MATRICE générale.	PROPRIÉTÉS BÂTIES.		P. N. B.
	CASE.	REVENU NET.	FOLIO.
		fr. c.	
	2	300	2
	2	300	2

CASE où les PARCELLES sont inscrites. 1	SEC-TION. 2	NU-MÉRO du PLAN. 3	LIEU-DIT, QUARTIER, RUE, ETC. 4	NATURE de LA PROPRIÉTÉ. 5	REVENU NET. MAISONS. 6	USINES. 7	TOTAL. 8	VALEUR LOCATIVE CORRESPONDANTE. Maisons. 9	Usines. 10	PORTES et FENÊTRES. — Nombre d'ouvertures. 11	OBSERVATIONS. 12	MOTIFS DES CHANGEMENTS. 13
					fr. c.	fr. c.	fr. c.	francs.	francs.			
				ÉTAT ANCIEN.								
	A	12	Manœuvres.	Maison.	300		300	400		22		Addition de construction en septembre 1910. Non déclarée.
				ÉTAT NOUVEAU.								
	A	12.a	Manœuvres.	Maison.	375		375	500		36		
			Totaux.									Extrait de l'enregistrement n°

Le Contrôleur,

Déclaré le 24 août 1910, par les soussignés.

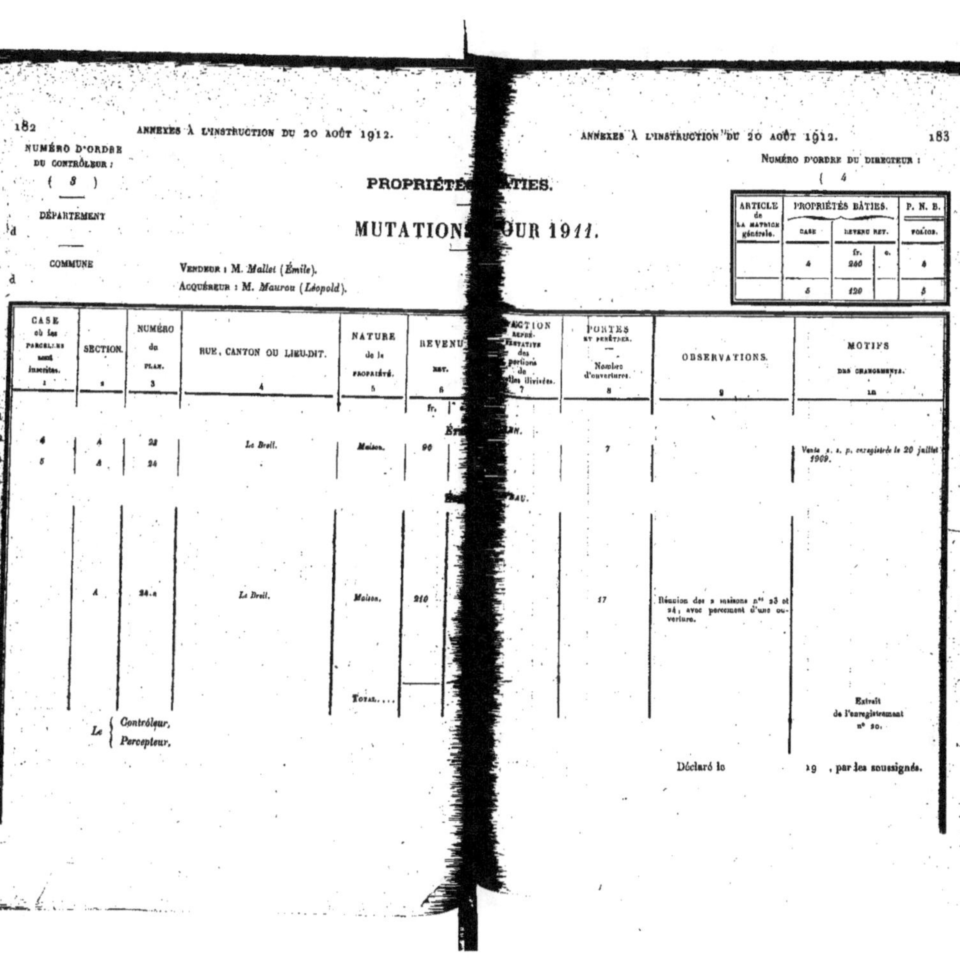

NUMÉRO D'ORDRE
DU CONTRÔLEUR :

(3)

DÉPARTEMENT

d

COMMUNE

d

PROPRIÉTÉS BÂTIES.

MUTATIONS POUR 1911.

VENDEUR : M. *Mallet* (*Émile*).
ACQUÉREUR : M. *Maurou* (*Léopold*).

NUMÉRO D'ORDRE DU DIRECTEUR :

(4

ARTICLE de LA MATRICE générale.	PROPRIÉTÉS BÂTIES.		P. N. B.
	CASE	REVENU NET.	FOLIOS.
		fr. c.	
4	4	240	4
	5	120	5

CASE où les parcelles sont inscrites.	SECTION.	NUMÉRO du PLAN.	RUE, CANTON OU LIEU-DIT.	NATURE de la PROPRIÉTÉ.	REVENU NET.	FRACTION REPRÉSENTATIVE des portions de celles divisées.	PORTES ET FENÊTRES. Nombre d'ouvertures.	OBSERVATIONS.	MOTIFS DES CHANGEMENTS.
1	2	3	4	5	6	7	8	9	10
					fr.				
4	A	23	Le Breil.	Maison.	90		7		Vente s. s. p. enregistrée le 20 juillet 1909.
5	A	24							
	A	24.a	Le Breil.	Maison.	210		17	Réunion des 2 maisons n°° 23 et 24, avec percement d'une ouverture.	
				Total....					Extrait de l'enregistrement n° 20.

Le { Contrôleur,
    { Percepteur,

Déclaré le   19   , par les soussignés.

PROPRIÉTÉS BÂTIES.

MUTATIONS POUR 1911.

NUMÉRO D'ORDRE
DU CONTRÔLEUR :
(4)

DÉPARTEMENT

COMMUNE

VENDEUR : M. *Mallet* (Émile).
ACQUÉREUR : M. *Non imposable.*

NUMÉRO D'ORDRE DU DIRECTEUR :
(9)

ARTICLE de LA MATRICE générale.	PROPRIÉTÉS BÂTIES.		P. N. B.
	CASE.	REVENU IMP.	FOLIO.
4		fr. 240 c.	4

CASE où les PARCELLES sont inscrites. 1	SEC-TION. 2	NU-MÉRO du PLAN. 3	LIEU-DIT, QUARTIER, RUE, ETC. 4	NATURE de LA PROPRIÉTÉ. 5	REVENU NET. MAISONS. 6	REVENU NET. USINES. 7	TOTAL. 8	VALEUR LOCATIVE CORRESPONDANTE. Maisons. 9	VALEUR LOCATIVE CORRESPONDANTE. Usines. 10	PORTES et FENÊTRES. Nombre d'ouvertures. 11	OBSERVATIONS. 12	MOTIFS DES CHANGEMENTS. 13
					fr. c.	fr. c.	fr. c.	francs.	francs.			
1	A	11	Manouvriers.	Maison.	150		150	200		1 c et 8	1	Démolition en 1910.
2												
3												
4												
5		1										
6												
7												
8												
9												
10												
11												
12												
TOTAUX..					150		150	200				

Le Contrôleur,

Extrait
de l'enregistrement
n°

Déclaré le 24 août 1910, par les soussignés.

13

NUMÉRO D'ORDRE
DU CONTRÔLEUR :

(5)

DÉPARTEMENT

COMMUNE ·

VENDEUR : M. *Maurou (Léopold)*.
ACQUÉREUR : M. *Le même*.

PROPRIÉTÉS BÂTIES.

MUTATION POUR 1911.

NUMÉRO D'ORDRE DU DIRECTEUR :

(5)

ARTICLE de LA MATRICE générale.	PROPRIÉTÉS BÂTIES.		P. N. B.
	CASE.	REVENU NET.	FOLIOS.
	5	fr. 120 c.	5
	5	120	5

CASE où les PARCELLES sont inscrites. 1	SECTION. 2	NUMÉRO du PLAN. 3	RUE, CANTON OU LIEU-DIT. 4	NATURE de la PROPRIÉTÉ. 5	REVENU NET. 6	FRACTION REPRÉSENTATIVE des portions de parcelles divisées. 7	PORTES ET FENÊTRES. Nombre d'ouvertures. 8	OBSERVATIONS. 9	MOTIFS DES CHANGEMENTS. 10
					fr.				
					ANCIEN.				
1	5	A	24	Le Breil.	Maison.	120	9		Réunion de deux maisons.
2									
3					ÉTAT NOUVEAU.				
4		A	24. a						
5									
6									
7									
8									
9									
10									
11									
12									
				Total....					

Le ⎰ Contrôleur
   ⎱ Percepteur.

Extrait de l'enregistrement n°

Déclaré le   19   , par les soussignés.

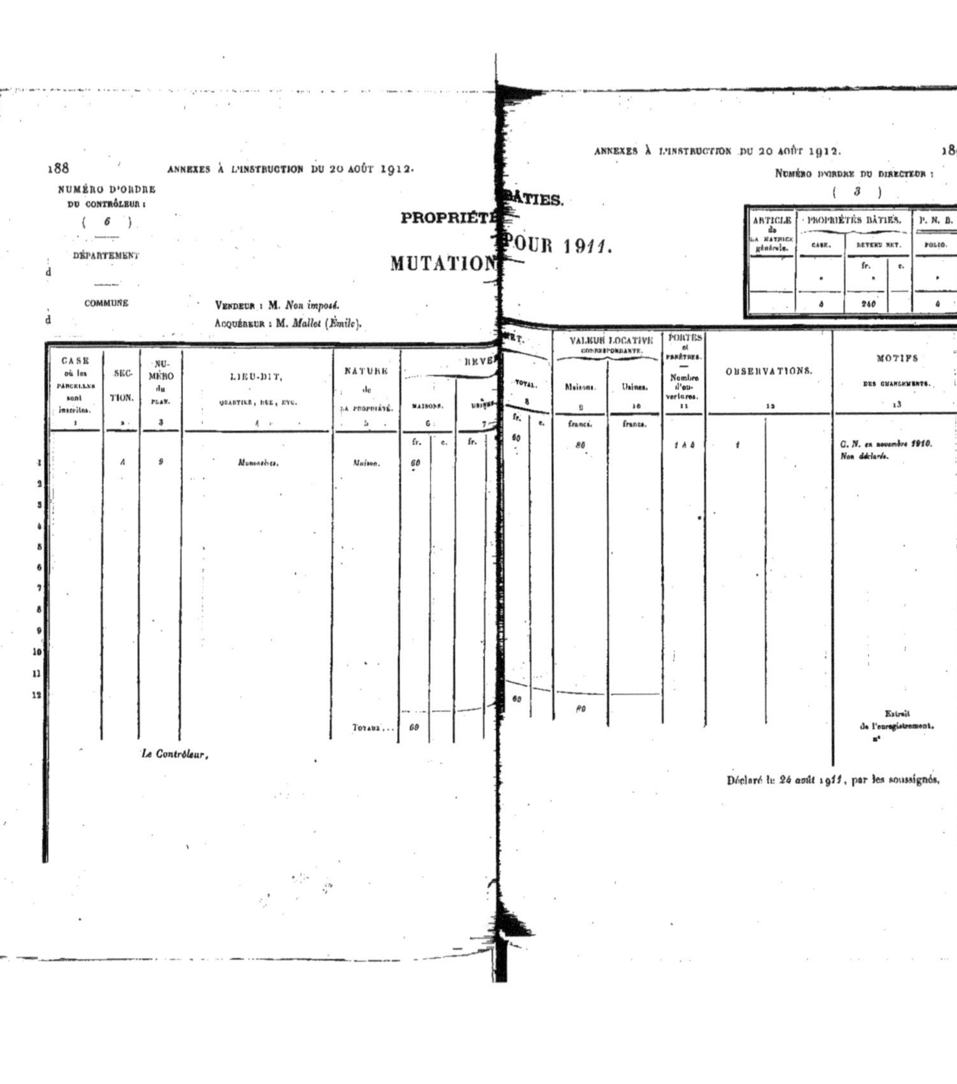

NUMÉRO D'ORDRE
DU CONTRÔLEUR :

(6)

PROPRIÉTÉS BÂTIES.

POUR 1911.

MUTATION

DÉPARTEMENT

d

COMMUNE

VENDEUR : M. *Non imposé.*
ACQUÉREUR : M. *Mallet (Émile).*

d

NUMÉRO D'ORDRE DU DIRECTEUR :

(3)

ARTICLE de LA MATRICE générale.	PROPRIÉTÉS BÂTIES.		P. N. B.
	CASE.	REVENU NET.	FOLIO.
		fr. c.	
»	»	»	»
4	4	240	4

CASE où les PARCELLES sont inscrites. 1	SEC-TION. 2	NU-MÉRO du PLAN. 3	LIEU-DIT, QUARTIER, RUE, ETC. 4	NATURE de LA PROPRIÉTÉ. 5	REVENU NET. MAISONS. 6 fr.	c.	USINES. 7 fr.	TOTAL. 8 fr.	c.	VALEUR LOCATIVE CORRESPONDANTE. Maisons. 9 francs.	Usines. 10 francs.	PORTES et FENÊTRES. — Nombre d'ouvertures. 11	OBSERVATIONS. 12	MOTIFS DES CHANGEMENTS. 13
1	A	9	Mononches.	Maison.	60			60		80		1 à 4	1	C. N. en novembre 1910. Non déclaré.
2														
3														
4														
5														
6														
7														
8														
9														
10														
11														
12														
TOTAUX...					60			60		80				Extrait de l'enregistrement, nº

Le Contrôleur,

Déclaré le 24 août 1911, par les soussignés,

NUMÉRO D'ORDRE
DU CONTRÔLEUR :

(7)

DÉPARTEMENT

COMMUNE

PROPRIÉTÉS BÂTIES.

MUTATION POUR 1911.

VENDEUR : M. *Non imposé.*
ACQUÉREUR : M. *Baron (Jean).*

NUMÉRO D'ORDRE DU DIRECTEUR :

(2)

ARTICLE de LA MATRICE générale.	PROPRIÉTÉS BÂTIES.		P. N. B.
	CASE	REVENU NET.	FOLIO.
		fr. c.	
»	»	»	»
	2	300	2

CASE où les PARCELLES sont inscrites. 1	SECTION. 2	NUMÉRO du PLAN. 3	LIEU-DIT. QUARTIER, RUE, ETC. 4	NATURE de LA PROPRIÉTÉ. 5	REVENU Maisons. 6	Usines. 7	Total. 8	VALEUR LOCATIVE CORRESPONDANTE. Maisons. 9	Usines. 10	PORTES et FENÊTRES. Nombre d'ouvertures. 11	OBSERVATIONS. 12	MOTIFS DES CHANGEMENTS. 13
					fr. c.	fr.	fr. c.	francs.	francs.			
1	A	322/70	Mononsières.	Jeu de boules.	15		15	20			1	Création en *février 1910* Non déclaration.
2												
3												
4												
5												
6												
7												
8												
9												
10												
11												
12												
				TOTAUX...	15		15	20				Extrait de l'enregistrement nᵒ

Le Contrôleur,

Déclaré le *24 août 1911*, par les soussignés.

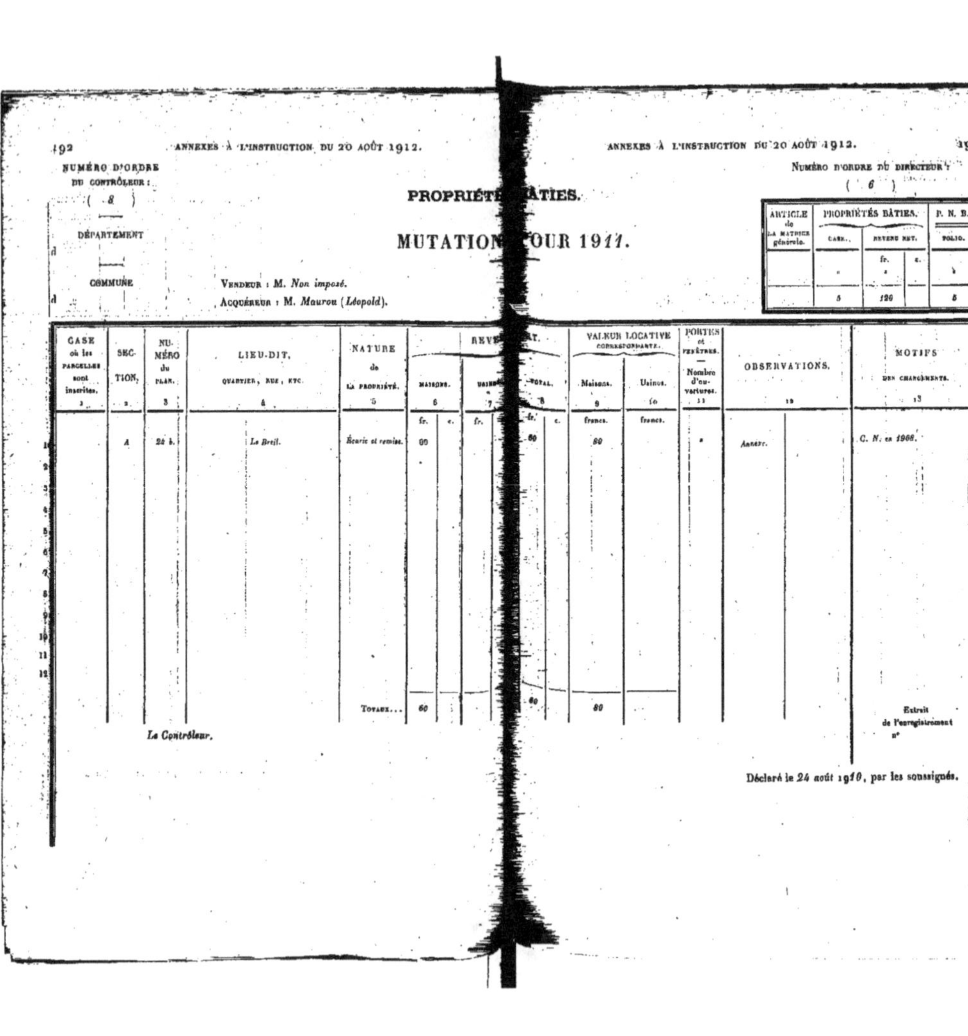

NUMÉRO D'ORDRE DU CONTRÔLEUR :

(8)

DÉPARTEMENT

COMMUNE

PROPRIÉTÉS BÂTIES.

MUTATIONS POUR 1911.

Vendeur : M. *Non imposé.*

Acquéreur : M. *Maurou (Léopold).*

NUMÉRO D'ORDRE DU DIRECTEUR :

(6)

ARTICLE de LA MATRICE générale.	PROPRIÉTÉS BÂTIES.		P. N. B.
	CASE.	REVENU NET.	FOLIO.
		fr. c.	
	»	»	»
	5	120	5

CASE où les PARCELLES sont inscrites.	SEC-TION.	NU-MÉRO du PLAN.	LIEU-DIT, QUARTIER, RUE, ETC.	NATURE de LA PROPRIÉTÉ.	REVENU NET. Maisons.	Usines.	Total.	VALEUR LOCATIVE CORRESPONDANTE. Maisons.	Usines.	PORTES et FENÊTRES. Nombre d'ouvertures.	OBSERVATIONS.	MOTIFS DES CHANGEMENTS.
1		1	2	3	4	5	6	7	8	9	10	11	12	13
	A	24 b.	Le Breil.	Écurie et remise.	fr. 00	fr.	fr. 80 c.	francs. 80	francs.	»	Annexe.	C. N. en 1908.
2												
3												
4												
5												
6												
7												
8												
9												
10												
11												
12												
Totaux...					60		80	80				

Le Contrôleur.

Extrait de l'enregistrement n°

Déclaré le *24 août 1910*, par les soussignés.

NUMÉRO D'ORDRE
DU CONTRÔLEUR :

(9)

DÉPARTEMENT

COMMUNE

PROPRIÉTÉS BÂTIES.

MUTATIONS POUR 1911.

Vendeur : M. *Non imposé.*
Acquéreur : M. *Saglan (Louis).*

NUMÉRO D'ORDRE DU DIRECTEUR :

(7)

ARTICLE de LA MATRICE générale.	PROPRIÉTÉS BÂTIES.		P. N. B.
	CASE.	REVENU NET.	FOLIO.
		fr. c.	
	«	« «	«
	6	126	6

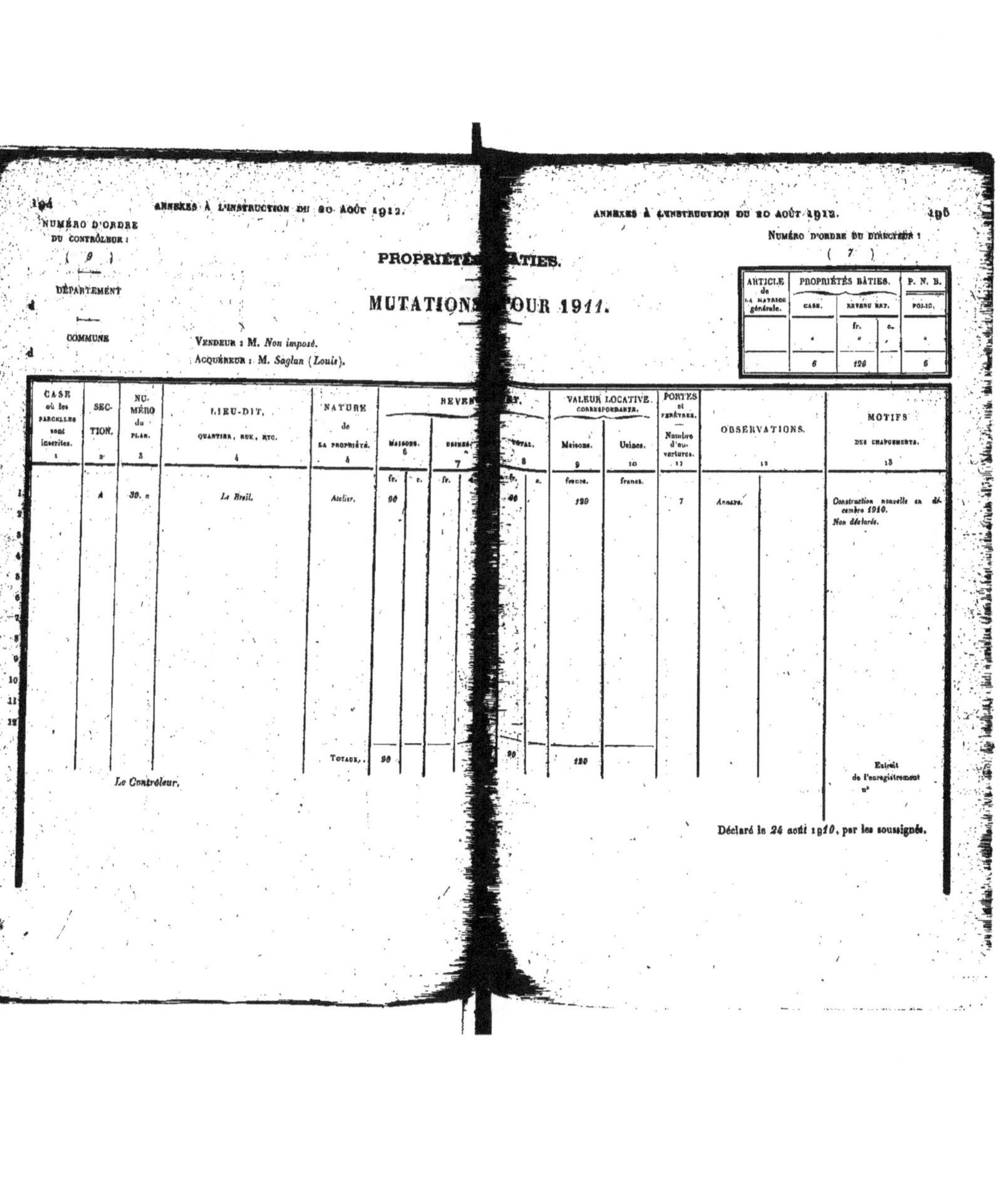

CASE où les PARCELLES sont inscrites. 1	SEC- TION. 2	NU- MÉRO du PLAN. 3	LIEU-DIT, QUARTIER, RUE, ETC. 4	NATURE de LA PROPRIÉTÉ. 5	REVENU NET. Maisons. 6	Usines. 7	Total. 8	VALEUR LOCATIVE. CORRESPONDANTE. Maisons. 9	Usines. 10	PORTES et FENÊTRES. — Nombre d'ouvertures. 11	OBSERVATIONS. 12	MOTIFS DES CHANGEMENTS. 13
					fr. c.	fr. c.	fr. c.	francs.	francs.			
	A	39. «	Le Breil.	Atelier.	90		90	120		7	Annexe.	Construction nouvelle en décembre 1910. Non déclarée.
Totaux.					90		90	120				

Le Contrôleur.

Extrait de l'enregistrement n°

Déclaré le *24 août 1910*, par les soussignés.

NUMÉRO D'ORDRE
DU CONTRÔLEUR :

(10) (et dernier).

d

DÉPARTEMENT

d

COMMUNE

PROPRIÉTÉS BÂTIES.

MUTATIONS POUR 1911.

VENDEUR : M. *Non imposé.*

ACQUÉREUR : M. *Dupont (Pierre), charpentier, à Négrepont.*

NUMÉRO D'ORDRE DU DIRECTEUR :

(8)

ARTICLE de LA MATRICE générale.	PROPRIÉTÉS BÂTIES.		P. N. B.
	CASE.	REVENU NET.	FOLIO.
		fr. c.	
	»	»	»
	7 »	»	7

CASE où les parcelles sont inscrites.	SECTION.	NUMÉRO du plan.	LIEU-DIT, QUARTIER, RUE, ETC.	NATURE de la propriété.	REVENU BRUT Maisons.	Usines.	NET TOTAL.	VALEUR LOCATIVE CORRESPONDANTE. Maisons.	Usines.	PORTES et fenêtres. Nombre d'ouvertures.	OBSERVATIONS.	MOTIFS DES CHANGEMENTS.
1	2	3	4	5	6	7	8	9	10	11	12	13
					fr. c.	fr. c.	fr. c.	francs.	francs.			
1	A	292. 1	La Plaine.	Atelier.	60							
2							60	80		1 à 4	1	Construction nouvelle en novembre 1910. Non déclarée.
3												
4												
5												
6												
7												
8												
9												
10												
11												
12												
			TOTAUX...		60		60	80				

Le Contrôleur.

Extrait de l'enregistrement
n°

Déclaré le 26 août 1910, par les soussignés.

EXEMPLE FICTIF Nº V

———

FEUILLES D'ÉTAT DE SECTION.

———

NOTA. — Le modèle de grandeur réelle comprend 8 cases à la page et 6 lignes par case.

Les inscriptions à faire à l'encre rouge sont imprimées dans le présent exemple fictif en caractères romains.

NUMÉRO	LIEU-DIT (rue et numéro)	CONTENANCE			NATURE de LA PROPRIÉTÉ	CLASSE	REVENU imposable	
		ha.	a.	ca.			fr.	c.
	2	3			4	5	6	
1	Les Valettes		18	49	Pré	1	24	96
	Les Valettes		4	50	Pré	1	9	44
	Idem		3	31	Pré	1	5	90
	Idem		4	94	Pré	1	9	40
	Idem		4	02	Terre, pré	1-1	8	61
	Les Valettes		2	02	Terre	1	4	25

RÉFÉRENCES RELATIVES À LA MODIFICATION

DES PARCELLES CRÉÉES.

Origine et composition des parcelles.

Année de la création	Précédente désignation	Contenance			Nature de la propriété	Classe	Revenu imposable		OBSERVATIONS
10	11	12			13	14	15		16
		ha.	a.	ca.			fr.	c.	
1900	2								
1909	2								Voir la suite supplémentaire n°
1911	2.b		1	21	Pré	1	2	18	
	2b		2	83	Terre	1	4	25	
									Voir la suite supplémentaire n°
									Voir la suite supplémentaire n°

Section A.

NUMÉRO du PLAN.	LIEU-DIT, RUE ET NUMÉRO.	CONTENANCE.			NATURE de LA PROPRIÉTÉ.	CLASSE.	REVENU imposable.		CAS ou... Année de la suppression.	Nouvelle désignation.	Année de la création.	Précédente désignation.	Contenance.			Nature de la propriété.	Classe.	Revenu imposable.		OBSERVATIONS.
1	2	3			4	5	6		8	9	10	11	12			13	14	15		16
		h.	a.	c.			fr.	c.					h.	a.	ca.			fr.	c.	
3	Les Valettes.		6	78	Pré.	2	10	44	1911	7.a										Voir la suite case complémentaire n°
4	Les Valettes.	16	23		Terre.	1	24	33	5											Voir la suite case complémentaire n°
4 bis	Les Valettes.	3	63		Terre.	2	11	63	4 bis, a, b											Voir la suite case complémentaire n°
4 bis a	Idem.	1	62		Terre.	0	1	62	5.a	1909	4 bis									
4 bis b	Idem.	2	01		Terre.	0	9	01	5.a	1909	4 bis									

RÉFÉRENCES RELATIVES À LA MODIFICATION
DES PARCELLES CRÉÉES.
Origine et composition des parcelles.

14.

SECTION A.

NUMÉRO du PLAN. 1	LIEU-DIT, LIEU ET NUMÉRO. 2	CONTENANCE. (ha. a. ca.) 3	NATURE de LA PROPRIÉTÉ. 4	CLASSE. 5	REVENU IMPOSABLE. (fr. c.) 6	CASE OU FOLIO de la matrice cadastrale. 7	RÉFÉRENCES RELATIVES À LA MODIFICATION — DES PARCELLES supprimées. Année de la suppression. 8	Nouvelle désignation. 9	DES PARCELLES CRÉÉES. Origine et composition des parcelles. Année de la création. 10	Précédente désignation. 11	Contenance. (ha. a. ca.) 12	Nature de la propriété. 13	Classe. 14	Revenu imposable. (fr. c.) 15	OBSERVATIONS. 16
5	Les Volettes.	8 79	Vigne.	2	6 98	3	1911	5.a	1911	4bis.a	1 62	Terre.	2	1 62	
5.a	Idem.	12 36	Vigne, terre.	2-2	10 61	7				4bis.b	2 01	Terre.	2	2 01	
										5	8 72	Vigne.	2	6 98	Voir la suite case complémentaire n°
6	Les Volettes.	8 77	Vigne.	2	7 61	2	1909	6.a, b V. P.	1909	6					Surface de 1 a. 31, revenu imposable 1 fr. 05, passée au chemin vicinal ordinaire n° 116.
6.a	Idem.	5 70	Vigne.	2	6 58	2	1911	14.a, 15.a	1909	6					
6.b	Idem.	1 76	Vigne.	2	1 40	9									Voir la suite case complémentaire n°
7	Les Volettes.	8 80	Terre.	2	8 80	5	1911	7.a	1911	3	6 79	Pré.	2	10 19	
7.a	Idem.	16 68	Pré, terre.	2-2	20 68	3				7	9 89	Terre.	2	5 89	Voir la suite case complémentaire n°

321 / 6.b

Section A.

NUMÉRO du PLAN	LIEU-DIT, RUE ET NUMÉRO.	CONTENANCE.			NATURE de LA PROPRIÉTÉ.	CLASSE.	REVENU IMPOSABLE.		CASE DU RÔLE DE LA MATRICE CADASTRALE.	DES PARCELLES SUPPRIMÉES.		DES PARCELLES CRÉÉES. Origine et composition des parcelles.							OBSERVATIONS.
										Année de la suppression.	Nouvelle désignation.	Année de la création.	Précédente désignation.	Contenance.			Nature de la propriété.	Classe.	Revenu imposable.	
1	»	ha.	a.	ca.	4	5	fr.	c.	7	8	9	10	(1)	ha.	a.	ca.	13	14	fr. c.	16
8	Les Valettes.		2	00	Verger.	1	6	00	2											Voir la suite case complémentaire n°
8	Monnonaies.		1	08	Jardin.	1	2	16	8			1911	C. N.							Voir la suite case complémentaire n°
9	Idem.		.	»	Maison.	»	60	»	8											
16	Monnonaires.		3	02	Jardin.	1	6	04	1											Voir la suite case complémentaire n°

Section A.

NUMÉRO du PLAN	LIEU-DIT, rue et numéro	CONTENANCE	NATURE de la propriété	CLASSE	REVENU imposable	CASE ou folio de la matrice cadastrale	RÉFÉRENCES RELATIVES À LA MODIFICATION — DES PARCELLES supprimées — Année de la suppression	Nouvelle désignation	DES PARCELLES créées — Année de la création	Précédente désignation	Origine et composition des parcelles — Contenance	Nature de la propriété	Classe	Revenu imposable	OBSERVATIONS
		ha. a. ca.			fr. c.		8	9	10	11	ha. a. ca.			fr. c.	16
											12	13	14	15	
11	Manœuvres		Maison		150	4	1911	Démol.							
11	Idem	2 45	Sol et cour	4	3 68	4	1911	12.a							Voir la suite case complémentaire n°
12	Manœuvres		Maison		300	2	1911	12.a							
12	Idem	4 46	Sol et cour	4	6 84	2	1911	12.a							
12.a	Idem	7 01	Sol et cour	1	10 52	2			1911	11	2 45	Sol et cour	1	3 68	
b										12	4 56	Sol et cour	1	6 84	
12.a	Idem	» » »	Maison	»	375 »	2			1911	12 et A.C.					Voir la suite case complémentaire n°
13	Manœuvres	13 62	Terre	1	20 50	5	1911	13.a, b							
13.a	Idem	6 83	Terre	1	10 25	4			1911	13					
13.b	Idem	6 84	Terre	1	10 25	7			1911	13					Voir la suite case complémentaire n°

Section A.

NUMÉRO du PLAN. (1)	LIEU-DIT, RUE ET NUMÉRO. (2)	CONTENANCE. (3) ha.	a.	ca.	NATURE du LA PROPRIÉTÉ. (4)	CLASSE. (5)	REVENU IMPOSABLE. (6) fr.	c.	CASE DU FOLIO de la matrice cadastrale. (7)	DES PARCELLES supprimées. Année de la suppression. (8)	Nouvelle désignation. (9)	Année de la création. (10)	Précédente désignation. (11)	Contenance. (12) ha.	a.	ca.	Nature de la propriété. (13)	Classe. (14)	Revenu imposable. (15) fr.	c.	OBSERVATIONS. (16)
14	*Munanières.*		*10*	*81*	*Vigne.*	*2*	*10*	*85*	*2*	1911	14,a										
14,a	Idem.		14	67	Vigne.	2	11	25	2			1911	6,b			67	Vigne.	2		45	
													321/6,b			64	Vigne.	2		55	
													14		12	81	Vigne.	2	10	25	Voir la suite case complémentaire n°
15	*Munanières.*		*12*	*12*	*Terre.*	*2*	*12*	*12*	*3*	1911	15,a										
15,a	Idem.		14	43	Terre, vigne.	2-2	13	97	3			1911	6,b		1	19	Vigne.	2		95	
													321/6,b		1	12	Vigne.	2		80	
													15		12	12	Terre.	2	12	12	Voir la suite case complémentaire n°
16	*Munanières.*		*20*	*00*	*Terre.*	*2*	*20*	*60*	*5*	1911	16,a (mémoire), 16,b										11 n. 16 d'un revenu de 11 fr. 16 affectés au cimetière.
16,a	Idem.		11	16	Cimetière.	.	"	"	8			1911	16								
16,b	Idem.		9	44	Terre.	2	9	44	5			1911	16								Voir la suite case complémentaire n°

Section A.

NUMÉRO du PLAN (1)	LIEU-DIT. RUE ET NUMÉRO (2)	CONTENANCE ha. (3)	a.	ca.	NATURE de LA PROPRIÉTÉ (4)	CLASSE (5)	REVENU IMPOSABLE fr. (6)	c.	CASE OU FOLIO de la matrice cadastrale (7)
17	Monastères		10	98	Bois.	1	7	74	2
17.a	Idem		6	95	Bois.	1	2	50	3
17.b	Idem		13	63	Bois.	1	5	24	3
17.c	Idem		19	26	Bois.	1	7	71	1
18	Monastères		37	02	Terre.	2	37	63	2
18.a	Idem		36	51	Terre.	2	36	51	3
19	le Breil		13	94	Terre.	2	13	94	2
19.a	Idem		17	69	Vigne, terre	2-2	16	83	2

RÉFÉRENCES RELATIVES A LA MODIFICATION

DES PARCELLES supprimées — Année de la suppression (8)	Nouvelle désignation (9)	DES PARCELLES CRÉÉES — Année de la création (10)	Précédente désignation (11)	Origine et composition des parcelles — Contenance ha. (12)	a.	ca.	Nature de la propriété (13)	Classe (14)	Revenu imposable fr. (15)	c.	OBSERVATIONS (16)
1909	17.a, b										
1911	17.c	1909	17								
1911	17.c	1900	17								
		1911	17.a		6	25	Bois.	1	2	56	
			17.b		13	63	Bois.	1	5	21	Voir la suite case complémentaire n°
1911	18.a, 19.a V. P.										Surface de 0 a. 86, vendu 0 fr. 86, incorporée au chemin rural n° 6.
		1911	18								
1911	19.a										Surface de 1 are 29 tirée du chemin rural n° 6.
		1911	V. P.		1	99	Vigne.	2	1	03	
			19		13	94	Terre.	2	13	94	
			18		1	86	Terre.	2	1	86	Voir la suite case complémentaire n°

Section A.

NUMÉRO du PLAN.	LIEU-DIT, RUE ET NUMÉRO.	CONTENANCE.			NATURE de LA PROPRIÉTÉ.	CLASSE.	REVENU IMPOSABLE.		CASE ou FOLIO de la matrice cadastrale.	RÉFÉRENCES RELATIVES À LA MODIFICATION									OBSERVATIONS.
										Des parcelles supprimées.		Des parcelles créées. Origine et composition des parcelles.							
										Année de la suppression.	Nouvelle désignation.	Année de la création.	Précédente désignation.	Contenance.			Nature de la propriété.	Classe.	Revenu imposable.	
1	2	3			4	5	6		7	8	9	10	11	12			13	14	15	16
		ha.	a.	ca.			fr.	c.						ha.	a.	ca.			fr. c.	
20	Le Breil.		16	68	Terre.	2	16	68	1											
20.a	Idem.		17	06	Terre.	2	17	06	1	1911	20.a	1911	V.P.			18	Terre.	2	18	Surface de 18 centiares tirée du chemin rural n° 5.
													20		16	88	Terre.	2	16 88	Voir la suite case complémentaire n°
21	Le Breil.		12	62	Terre.	2	12	62	4	1911	21.a, 842	1911	21							
21.a	Idem.		11	28	Terre.	2	11	28	4											Voir la suite case complémentaire n°
22	Le Breil.		7	97	Pré.	1	14	35	4											Voir la suite case complémentaire n°

SECTION A.

NUMÉRO du PLAN (1)	LIEU-DIT, RUE ET NUMÉRO (2)	CONTENANCE (3) ha	a	ca	NATURE de LA PROPRIÉTÉ (4)	CLASSE (5)	REVENU IMPOSABLE (6) fr	c	CASE OU FOLIO de la matrice cadastrale (7)	Année de la suppression (8)	Nouvelle désignation (9)	Année de la création (10)	Précédente désignation (11)	Contenance (12) ha	a	ca	Nature de la propriété (13)	Classe (14)	Revenu imposable (15) fr	c	OBSERVATIONS (16)
23	Le Breil.				Maison.		20		A	1911	24.a										
23	Idem.		4	34	Sol et cour.	1	2	61	A	1911	24.a										Voir la suite case complémentaire n°
24	Le Breil.				Maison.		120	"	5	1911	24.a										
24	Idem.		9	10	Sol et cour.	1	3	15	5	1911	24.a, b										
24.a	Idem.		3	15	Sol et conr.	1	4	73	5			1911	23		1	34	Sol et cour.	1	2	01	
"													24		1	81	Sol et cour.	1	2	72	
24.b	Idem.			20	Sol et cour.	1		43	5			1911	24									
24.a	Idem.	"	"	"	Maison.	"	216	"	5			1911	23	"	"	"	Maison.	"	90	"	
"													24	"	"	"	Maison.	"	120	"	
26.b	Idem.	"	"	"	Écurie et remise.	"	60	"	5			1911	C. N.									Voir la suite case complémentaire n°
25	Le Breil.		3	51	Terre.	1	5	27	6												Voir la suite case complémentaire n°

RÉFÉRENCES RELATIVES A LA MODIFICATION — DES PARCELLES supprimées — DES PARCELLES créées — Origine et composition des parcelles.

Section A.

NUMÉRO du PLAN (1)	LIEU-DIT, RUE ET NUMÉRO (2)	CONTENANCE (3) ha.	a.	cs.	NATURE de LA PROPRIÉTÉ (4)	CLASSE (5)	REVENU IMPOSABLE (6) fr.	c.	CASE ou FOL. de la matrice cadastrale (7)	Année de la suppression (8)	Nouvelle désignation (9)	Année de la création (10)	Précédente désignation (11)	Contenance (12) ha.	a.	ce.	Nature de la propriété (13)	Classe (14)	Revenu imposable (15) fr.	c.	OBSERVATIONS (16)
26	Le Breil	»	»	»	Atelier		65	»	1	1911	Démol.										
26	Le Breil			34	Sol	1	»	41	1	1911	27. a										Voir la suite case complémentaire n°
27	Le Breil	»	»	»	Maison	»	180	»	1												
27	Le Breil	3	16		Sol et cour	1	4	74	1	1911	27. a	1911	26		34		Sol	1		51	
27. a	Idem	3	50		Sol et cour	1	5	25	1				27	3	16		Sol et cour	1	4	74	Voir la suite case complémentaire n°
28	Le Breil	1	93		Verger	1	5	30	2												
28. a	Idem	6	38		Verger, terre	1-1	12	47	1		28. a	1910	28	1	93		Verger	1	5	79	
													28 bis	4	45		Terre	1	6	68	Voir la suite case complémentaire n°

15.

Section A.

NUMÉRO du PLAN.	LIEU-DIT (RUE ET NUMÉRO).	CONTENANCE.			NATURE de LA PROPRIÉTÉ.	CLASSE.	REVENU IMPO-SABLE.		CASE ou rôle de la matrice cadastrale.
1	2	3			4	5	6		7
		ha.	a.	ca.			fr.	c.	
28 bis	Le Breil.		4	45	Terre.	1	6	58	
29	Le Breil.		"	"	Maison.	.	225	.	3
29	Le Breil.	8		70	Sol, bâtiment et cour.	1	13	05	3
30	Le Breil.		"	"	Atelier.	.	75	.	6
30	Le Breil.		.	91	Sol.	1	1	36	6
30.a	Idem.	2		38	Sol, pré.	1-1	4	00	6
30.a	Idem.		"	"	Atelier.	.	90		6

	RÉFÉRENCES RELATIVES À LA MODIFICATION							
PARCELLES expropriées.		DES PARCELLES CRÉÉES.						OBSERVATIONS.
			Origine et composition des parcelles.					
Nouvelle désigna-tion.	Année de la création.	Précé-dente désigna-tion.	Contenance.			Nature de la propriété.	Classe.	Revenu im-posable.		
9	10	11	12			13	14	15		16
			ha.	a.	ca.			fr.	c.	
28.a										Voir la suite case complémentaire n°
										Voir la suite case complémentaire n°
Démol. 30.a										
	1911	30			91	Sol.	1	1	36	
		32		1	47	Pré.	1	2	64	
	1911	C. N.								Voir la suite case complémentaire n°

Section A.

NUMÉRO du PLAN.	LIEU-DIT (RUE ET NUMÉRO).	CONTENANCE. (h. / a. / ca.)	NATURE de LA PROPRIÉTÉ.	CLASSE.	REVENU IMPOSABLE. (fr. / c.)	CASE ou FOLIO de la matrice cadastrale.
1	2	3	4	5	6	7
31	Le Breil.	» » »	Maison.	»	120 »	6
31	Le Breil.	» 2 11	Sol et cour.	1	3 17	6
32	Le Breil.	» 10 08	Pré.	1	10 14	6
32.a	Idem.	» 8 61	Pré.	1	15 50	6
33	Le Breil.	» 7 52	Terre.	1	11 28	»

RÉFÉRENCES RELATIVES À LA MODIFICATION — DES PARCELLES CRÉÉES — Origine et composition des parcelles.

NUMÉRO du PLAN.	DES PARCELLES supprimées. (Année de la suppression)	Nouvelle désignation.	Année de la création.	Précédente désignation.	Contenance. (ha. / a. / ca.)	Nature de la propriété.	Classe.	Revenu imposable. (fr. / c.)	OBSERVATIONS.
	8	9	10	11	12	13	14	15	16
31									Voir la suite case complémentaire n°
32	11	30.a 32.p							
32.a			1911	32					Voir la suite case complémentaire n°
33									Voir la suite case complémentaire n°

SECTION A.

NUMÉRO du PLAN (1)	LIEU-DIT RUE ET NUMÉRO (2)	CONTENANCE ha (3)	a	ca	NATURE de LA PROPRIÉTÉ (4)	CLASSE (5)	REVENU IMPOSABLE fr (6)	c	CASE OU FOLIO de la matrice cadastrale (7)	Année de la suppression (8)	Nouvelle désignation (9)	Année de la création (10)	Précédente désignation (11)	Contenance ha (12)	a	ca	Nature de la propriété (13)	Classe (14)	Revenu imposable fr (15)	c	OBSERVATIONS (16)
34	Le Breil		10	10	Terre	2	10	12	6	1911	34.a										
34.a	Idem		11	67	Terre	2	11	67	6			1911	21		1	54	Terre	2	1	54	
													34		10	13	Terre	2	10	13	Voir la suite case complémentaire n°
35	Le Breil		3	80	Vigne	2	3	04	2	1909	36.a										Voir la suite case complémentaire n°
36	Le Breil		6	11	Terre	2	6	11		1909	36.a										
36.a	Idem		9	91	Terre, vigne	2-2	9	15		1911	36.b.c	1909	35		3	80	Vigne	2	3	04	
													36		6	11	Terre	2	6	11	
												1911	36.a								
												1911	36.a								
36.b	Idem		3	80	Vigne	2	3	04													
36.c	Idem		6	11	Terre	2	6	11													Voir la suite case complémentaire n°

RÉFÉRENCES RELATIVES À LA MODIFICATION — DES PARCELLES supprimées. — DES PARCELLES CRÉÉES. — Origines et composition des parcelles.

Section *A.*

NUMÉRO du PLAN.	LIEU-DIT RUE ET NUMÉRO.	CONTENANCE.			NATURE de LA PROPRIÉTÉ.	CLASSE.	REVENU IMPOSABLE.		CASE OU FOLIO de la matrice cadastrale.
1	2	3			4	5	6		7
		ha.	a.	ca.			fr.	c.	
									Voir la suite case complémentaire n°
									Voir la suite case complémentaire n°
292	du Plaine		34	17	Terre.	2	34	17	5
292.a	Idem		3	91	Terre.	2	3	91	2
292.b	Idem		3	65	Terre.	2	3	65	4
292.c	Idem		6	10	Terre.	2	6	10	6
292.d	Idem		3	55	Terre.	2	3	55	7
292.f	Idem		6	18	Terre.	2	6	18	1
292.g	Idem		10	78	Terre.	2	10	78	3
292.h	Idem		7	56	Terre.	2	7	56	9

RÉFÉRENCES RELATIVES À LA MODIFICATION

DES PARCELLES supprimées.		DES PARCELLES CRÉÉES. Origine et composition des parcelles.						OBSERVATIONS.
Année de la suppression.	Nouvelle désignation.	Année de la création.	Précédente désignation.	Contenance.	Nature de la propriété.	Classe.	Revenu imposable.	
8	9	10	11	12	13	14	15	16
				ha. a. ca.			fr. c.	
1909	292.a k g							
1910	292.i	1909	292					
1910	292.h	1909	292					
1911	292.j, k	1909	292					
		1909	292					
1911	294.b	1909	292					
		1909	292					
1911	292.l, m	1910	292.a	3 91	Terre.	2	3 91	
	Voir la case complémentaire.							Voir la suite case complémentaire n° f.

Section A.

NUMÉRO du PLAN [1]	LIEU-DIT (RUE ET NUMÉRO) [2]	CONTENANCE ha. [3]	a.	ca.	NATURE de LA PROPRIÉTÉ [4]	CLASSE [5]	REVENU IMPOSABLE fr. [6]	c.	CASE DU FOLIO de la matrice cadastrale [7]	Année de la suppression [8]	Nouvelle désignation [9]	Année de la création [10]	Précédente désignation [11]	Contenance ha. [12]	a.	ca.	Nature de la propriété [13]	Classe [14]	Revenu imposable fr. [15]	c.	OBSERVATIONS [16]
293	La Plaine.		8	18	Terre.	½ 1, ½ 2	10	22	3												
																					Voir la suite case complémentaire n°
294	La Plaine.		10	15	Terre.	1	15	23	6	1910	294.a	1910	294		10	15	Terre.	1	15	23	
294.a	Idem.		11	15	Terre, pré.	1-1	17	01	6	1911	294.b		296			99	Pré.	1	1	78	
294.b	Idem.		17	32	Terre, pré.	2-1-1	23	19	6			1911	292.f		6	18	Terre.	2	6	18	
													295.a		11	14	Terre, pré.	1-1	17	01	
																					Voir la suite case complémentaire n°
295	La Plaine.		5	43	Pré.	2	8	45	5	1911	295.a	1911	295		5	43	Pré.	2	8	15	
295.a	Idem.		12	88	Pré.	1-2	21	56	4				296.a		7	45	Pré.	1	13	41	
																					Voir la suite case complémentaire n°

Section A.

NUMÉRO du PLAN.	LIEU-DIT RUE ET NUMÉRO.	CONTENANCE.			NATURE de LA PROPRIÉTÉ.	CLASSE.	REVENU IMPOSABLE.		CASE OU FOLIO de la matrice cadastrale.	RÉFÉRENCES RELATIVES À LA MODIFICATION									OBSERVATIONS.
										DES PARCELLES supprimées.		DES PARCELLES CRÉÉES.							
														Origine et composition des parcelles.					
										Année de la suppression.	Nouvelle désignation.	Année de la création.	Précédente désignation.	Contenance.			Nature de la propriété.	Classe.	Revenu imposable.
1	2	3			4	5	6		7	8	9	10	11	12			13	14	15	16
		ha.	a.	ca.			fr.	c.						ha.	a.	ca.			fr. c.	
296	La Plaine.		8	44	Prl.	1	15	19	4	1910	296.v 294.a									
296 a	Idem.		7	46	Prl.	1	12	44	4	1911	295.a									Voir la suite case complémentaire n°
																				Voir la suite case complémentaire n°
																				Voir la suite case complémentaire n°

Section A.

NUMÉRO du PLAN (1)	LIEU-DIT, RUE ET NUMÉRO (2)	CONTENANCE (ha. a. ca.) (3)	NATURE de LA PROPRIÉTÉ (4)	CLASSE (5)	REVENU IMPOSABLE (fr. c.) (6)	CASE OU FOLIO de la matrice cadastrale (7)	DES PARCELLES supprimées (8)	RÉFÉRENCES RELATIVES À LA MODIFICATION — Nouvelle désignation (9)	Année de la création (10)	Précédente désignation (11)	Contenance (ha. a. ca.) (12)	Nature de la propriété (13)	Classe (14)	Revenu imposable (fr. c.) (15)	OBSERVATIONS (16)
321/5.1	Les Valettes.	1 01	Vigne.	0	1 15	1	1911	14.a, 15.a	1909	V. P.					Surface distraite du chemin vicinal ordinaire n° 116. — Voir la suite case complémentaire n°
322/10	Manonsières.	1 34	Sol de jeu de boules.	1	2 01	2			1911	V. P.					Surface distraite du chemin rural non reconnu dit « de la Traverse ». — Voir la suite case complémentaire n°
322/10	Idem.	" "	Jeu de boules.	"	15 "	2			1911	C. N.					Voir la suite case complémentaire n°

SECTION A.

NUMÉROS des cases.	NUMÉRO du PLAN.	LIEU-DIT (RUE ET NUMÉRO).	CONTENANCE.			NATURE de LA PROPRIÉTÉ.	CLASSE.	REVENU IMPOSABLE.		CASE ou FOLIO de la matrice cadastrale.
	1	2	3			4	5	6		7
			ha.	a.	ca.			fr.	c.	
1										
	292.j	La Plaine.		3	05	Terre.	2	3	05	4
	292.k	Idem.		3	05	Terre.	2	3	05	7
	292.l	Idem.			35	Terre.	2		35	7
	292.m	Idem.		7	21	Terre.	2	7	21	2
	292.l	Idem.		"	"	Atelier.	"	60	"	7

CASES COMPLÉMENTAIRES.

MODÈLE N° 15 ter.

Instruction du 20 août 1912.

CASE ou FOLIO de la matrice cadastrale.	RÉFÉRENCES RELATIVES À LA MODIFICATION									OBSERVATIONS.
	DES PARCELLES supprimées.		DES PARCELLES créées.		Origine et composition des parcelles.					
	Année de la suppression.	Nouvelle désignation.	Année de la création.	Précédente désignation.	Contenance.	Nature de la propriété.	Classe.	Revenu imposable.		
7	8	9	10	11	12	13	14	15		16
					ha. a. ca.			fr. c.		
4			1910	292.b	3 65	Terre.	2	3 65		
7			1911	292.a						
7			1911	292.c						
2			1911	292.b						
7			1911	292.b						
			1911	C. N.						Voir la suite case complémentaire n°
										Voir la suite case complémentaire n°
										Voir la suite case complémentaire n°

16.

EXEMPLE FICTIF N° VI.

———

FEUILLES DE MATRICE CADASTRALE

DES PROPRIÉTÉS NON BÂTIES.

———

Nota. — Les modèles de grandeur réelle comprennent 35 lignes à la page pour l'inscription des parcelles, 5 lignes doubles pour l'inscription des noms des propriétaires et 19 lignes dans le cadre réservé aux totaux.

Les indications à porter à l'encre rouge sont imprimées dans le présent exemple fictif en caractères romains.

TOTAUX.			TOTAUX.		
ANNÉE. 1	CONTENANCE. 2	REVENU. 3	ANNÉE. 1	CONTENANCE. 2	REVENU. 3
	hs. a. ca.	fr. c.		hs. a. ca.	fr. c.
19 ..	36 00	46 60	1911..	68 20	69 53
1909..	37 05	64 66	19 ..		
1910..	38 98	50 45	Continué au folio		

Pour 19 . M.
19 . M.

M. Artus Louis), maréchal-ferrant, au Breit.

MUTATIONS.				DÉSIGNATION DES PARCELLES.		ÉVALUATION PRIMITIVE.					
ENTRÉE.		SORTIE.		SECTION.	NUMÉRO de plan.	LIEU-DIT.	CONTENANCE.	NATURE de culture ou de propriété.	CLASSE.	REVENU imposable.	12, 13, 14.
Année. 1	Tiré de 2	Année. 3	Porté à 4	5	6	7	8	9	10	11	
							ha. a. ca.			fr. c.	
		1909	1/2.b 3/2.a	A	9	Les Valettes	4 60	Pré	1	8 44	
		1909	2/4bis.a 4/4ter.b	Idem	[illegible]	Idem	3 63	Terre	2	3 63	
					10	Monastères	3 02	Jardin	1	6 04	
		1911	1/20.a		[illegible]	Le Breit	16 88	Terre	2	16 88	
		1911	1/27.a		[illegible]	Idem	34	Sol	1	51	
		1911	1/27.a		[illegible]	Idem	3 46	Sol et cour	1	4 74	
		1910	1/28.n		[illegible]	Idem	6 45	Terre	1	6 68	
1909	1/2	1911	2/2.c	A	2.b	Les Valettes	1 91	Pré	1	2 18	
1909	5/292	1911	6/294.b		292	La Plaine	6 18	Terre	2	6 18	
1909	[illegible]	1911	1.2/14.a 3/15.a		321	Les Valettes	1 81	Vigne	2	1 45	

(Folio de l'ancienne matrice .)

(Continué au folio 9, ligne n° 1.)

TOTAUX.

ANNÉE. 1	CONTENANCE. 2		REVENU. 3	
	ha.	a. ca.	fr.	c.
19..	45	83	54	00
1909..	51	05	58	54
1910..	52	77	58	58

TOTAUX.

ANNÉE. 1	CONTENANCE. 2		REVENU. 3	
	ha.	a. ca.	fr.	c.
1911..	55	45	64	79
19..				
Continué au folio .				

Pour 19.. M.   M. Baron (Jean), Aubergiste, au Breil.
19.. M.
19.. M.

	MUTATIONS.				DÉSIGNATION DES PARCELLES.				ÉVALUATION PRIMITIVE.			
	ENTRÉE.		SORTIE.									
	Année.	Tiré de	Année.	Porté à	SEC-TION.	NUMÉRO du plan.	LIEU-DIT.	CONTENANCE.	NATURE de culture ou de propriété.	CLASSE.	REVENU imposable.	12, 13, 14.
	1	2	3	4	5	6	7	8 (ha. a. ca.)	9	10	11 (fr. c.)	
1			1911	2/2.c	A	20	Les Valettes	8 82	Terre.	1	4 93	1
2			1909	2/6.a · 2/6.b · V. P.		8	Idem.	8 77	Vigne.	2	7 01	2
3						8	Idem.	2 00	Verger.	1	6 00	3
4			1911	2/12.a		12	Mononstree.	4 56	Sol et cour.	1	6 84	4
5			1911	2/14.a		14	Idem.	12 01	Vigne.	2	10 20	5
6			1911	2/19.a		18	Le Breil.	10 94	Terre.	2	10 94	6
7			1910	1/98.a		20	Idem.	4 95	Verger.	1	6 79	7
8	1909	1/4.b	1911	7/5.a	A		Les Valettes.	1 62	Terre.	2	1 62	8
9	1909	2/6				6.a	Idem.	5 70	Vigne.	2	4 56	9
10	1909	2/6	1911	2/74.a · 3/75.a		6.b	Idem.	1 76	Vigne.	2	1 40	10

(Folio de l'ancienne matrice .)

(Continué au folio 10, ligne n° 1.)

MODÈLE N° 13 bis. (Instruction du 20 août 1912.)

Folio 3.

TOTAUX.				TOTAUX.			
ANNÉE. 1	CONTENANCE. 2		REVENU. 3		ANNÉE. 1	CONTENANCE. 2	REVENU. 3
	ha.	a.	ca.	fr.	c.		
19 ..	1	66	85	101	83	19 ..	
1909 ..	1	09	59	112	83	19 ..	
1911 ..		85	15	98	85	Continué au folio	

Pour
19 . M.
19 . M.
19 . M.

M. Lombreil (Jean), cultivateur au Breil.

MUTATIONS.				DÉSIGNATION DES PARCELLES.						ÉVALUATION PRIMITIVE.				
ENTRÉE		SORTIE												
Année. 1	Tiré de 2	Année. 3	Porté à 4	SECTION. 5	NUMÉRO du plan. 6	LIEU-DIT. 7	CONTENANCE. 8			NATURE de culture ou de propriété. 9	CLASSE. 10	REVENU imposable. 11		12, 13, 14.
							ha.	a.	ca.			fr.	c.	
		1911	$\frac{7}{6.a}$	A	5	Les Valettes		0	72	Vigne.	2	0	33	1
		1911	$\frac{3}{15.a}$		13	Manouvres		12	12	Terre.	2	12	12	2
		1909	$\frac{3}{17.b}$, $\frac{5}{17.a}$		17	Idem.		19	20	Bois.	1	7	71	3
		1911	$\frac{2}{19.a}$, $\frac{3}{18.a}$, V.P.		18	Idem.		37	99	Terre.	2	37	25	4
					29	Le Breil.		8	70	Sol, bâtiment et cour.	1	13	05	5
					33	Idem.		7	52	Terre.	1	11	28	6
		1909	$\frac{6}{35.a}$		35	Idem.		3	98	Vigne.	2	3	34	7
		1911	1		205	La Plaine.		8	48	Terre.	$\frac{1}{2}$, $\frac{1}{2}$	48	00	8
1909	$\frac{1}{3}$			A	2.a	Les Valettes.		3	31	Pré.	1	5	95	9
1909	$\frac{3}{17}$	1911	$\frac{1}{17.c}$		17.b	Manouvres.		18	03	Bois.	1	5	21	10

(Folio de l'ancienne matrice .)

(Continué au folio 12, ligne n° 1.)

TOTAUX				TOTAUX			
ANNÉE 1	CONTENANCE 2		REVENU 3	ANNÉE 1	CONTENANCE 2		REVENU 3
	ha. a. ca.		fr. c.		ha. a. ca.		fr. c.
19 ..	40 04		56 80	1911..	43 69		62 65
1909..	40 67		66 08	19 ..			
1910..	46 08		59 59	Continué au folio			

Pour
19 . M.
19 . M.

M. *Mallet* (*Émile*), *rentier, au Breil.*

MODÈLE N° *13 bis.* (Instruction du 20 août 1912.)   Folio 4.

MUTATIONS.

	ENTRÉE		SORTIE		DÉSIGNATION DES PARCELLES				ÉVALUATION PRIMITIVE			
	Année 1	Tiré de 2	Année 3	Porté à 4	SEC-TION 5	NUMÉRO du plan 6	LIEU-DIT 7	CONTENANCE 8 (ha. a. ca.)	NATURE de culture ou de propriété 9	CLASSE 10	REVENU imposable 11 (fr. c.)	12, 13, 14
1					A.	9	Manoustres.	1 08	Jardin.	1	2 16	
2			1811	2 / 12.a		11	Idem.	2 05	Sol et cour.	1	0 05	
3			1911	4 / 21.a , 6 / 34.a		21	Le Breil.	12 02	Terre.	2	12 82	
4						22	Idem.	7 97	Pré.	1	14 35	
5			1911	5 / 24.a		23	Idem.	1 34	Sol et cour.	1	0 01	
6			1909	4 / 36.a		36	Idem.	6 11	Terre.	2	0 11	
7			1910	4 / 296.a , 6 / 294.a		296	La Plaine.	8 44	Pré.	1	15 19	
8	1909	1 / ...	1911	7 / 3.a	A	9bis b	Les Valottes.	9 01	Terre.	2	0 01	
9	1909	3 / 35 , 4 / 36	1911	5 / 36.b , 6 / 36.r		36.a	Le Breil.	0 01	Terre, vigne.	2-2	0 16	
10	1909	5 / 292	1910	2 / 296.b		292.b	La Plaine.	3 65	Terre.	2	3 85	

(Folio de l'ancienne matrice .)

(Continué au folio 11, ligne n° 1.)

MODÈLE N° 13 bis. (Instruction du 20 août 1912.) | Folio 5. |

TOTAUX.					TOTAUX.				
ANNÉE.	CONTENANCE.			REVENU.	ANNÉE.	CONTENANCE.			REVENU.
1	2			3	1	2			3
	ha.	a.	ca.	fr.	c.		ha.	a.	ca.	fr.	c.
19 ..	1	08	09	138	78	19 ..					
1909..	88	77	103	09	19 ..					
1911..		32	90	41	97	Continué au folio .				

M. Maarou

Pour

19 .   M.

19 .   M.

(Léopold), notaire, à Négrepont.

	MUTATIONS.				DÉSIGNATION DES PARCELLES.					ÉVALUATION PRIMITIVE.				
	ENTRÉE.		SORTIE.		SEC-TION.	NUMÉRO du plan.	LIEU-DIT.	CONTENANCE.			NATURE de culture ou de propriété.	CLASSE.	REVENU imposable.		12, 13, 14.
	Année.	Tiré de	Année.	Porté à				ha.	a.	ca.			fr.	c.	
	1	2	3	4	5	6	7	8			9	10	11		
1			1911	7	A	1	Les Vel...		17	40	Pré.	1	04	28	
2			1911	3/7.a		3	Idem		6	70	Idem	2	10	40	
3						4	Idem	16	22		Terre.	1	26	83	
4			1911	3/7.a		7	Idem		0	80	Idem	0	0	99	
5			1911	5/16.b 8/16.a (mémoire.)		10	Manrobos	20	60		Idem	0	00	60	
6			1911	6/24.a 5/24.b		24	Le Bosil		2	40	Sol à ...	1	3	45	
7			1909	2/292.a A/b 6/e 7/d 1/f 3/g		292	La Plaine	3A	17		Terre.	0	34	47	
8			1911	4/295.a		295	Idem		5	42	Pré.	0	9	45	
9	1909	3/17	1911	1/17.c		17	Manrobos		6	95	Bois.	1	2	50	
10	1911	4/36.a			A	36.b	Le Bosil.		3	80	Vigne.	2	3	04	

(Folio de l'ancienne matrice .)

(Continué au folio 13, ligne n° 1.)

MODÈLE N° 13-bis. (Instruction du 20 août 1912.)   Folio 5.

TOTAUX.				TOTAUX.			
ANNÉE. 1	CONTENANCE. 2		REVENU. 3	ANNÉE. 1	CONTENANCE. 2		REVENU. 3
	ha. a. ca.		fr. c.		ha. a. ca.		fr. c.
19 ..	30 36		73 60	1911..	51 71		68 91
1909..	30 68		73 90	19 .			
1910..	37 85		81 60	Continué au folio .			

M. Saglan (Louis), charron, au Breil.

Pour
19 . M.
19 . M.

	MUTATIONS.				DÉSIGNATION DES PARCELLES.			ÉVALUATION PRIMITIVE.			
	ENTRÉE.		SORTIE.		SEC-TION.	NUMÉRO du plan.	LIEU-DIT.	CONTENANCE.	NATURE de culture ou de propriété.	CLASSE.	REVENU imposable.	12, 13, 14.
	Année. 1	Tiré de 2	Année. 3	Porté à 4	5	6	7	8	9	10	11	
								ha. a. ca.			fr. c.	
1			1911	$\frac{4}{13.a}$, $\frac{7}{13.b}$	A	13	Manonslevs	13 67	Terre	1	20 50	
2						25	Le Breil.	3 51	Idem.	1	5 27	2
3			1911	$\frac{6}{30.a}$		30	Idem.	04	Sol.	1	1 90	3
4						31	Idem.	2 11	Sol et cour.	1	3 17	4
5			1911	$\frac{6}{30.a}$, $\frac{6}{32.a}$		32	Idem.	19 08	Pré.	1	18 14	5
6			1911	$\frac{6}{36.a}$		36	Idem.	10 13	Terre.	2	10 13	6
7			1910	$\frac{6}{294.a}$		294	La Plaine.	10 45	Idem.	1	16 28	7
8	1909	$\frac{5}{292}$	1911	$\frac{4}{292.j}$, $\frac{7}{292.k}$	A	292	La Plaine.	6 40	Terre.	2	6 40	8
9	1910	$\frac{6}{294}$, $\frac{4}{296}$	1911	$\frac{6}{294.b}$	A	294	La Plaine.	11 14	Terre, pré.	1-1	17 04	9
10	1911	$\frac{4}{36.a}$			A	36.a	Le Breil.	6 11	Terre.	2	6 11	10

Folio de l'ancienne matrice   .)

(Continué au folio 14. ligne n° 1.)

17

MODÈLE N° *13 bis.* (Instruction du 20 août 1912.)

Folio 7.

TOTAUX.						TOTAUX.					
ANNÉE. 1	CONTENANCE. 2			REVENU. 3		ANNÉE. 1	CONTENANCE. 2			REVENU. 3	
	ha.	a.	ca.	fr.	c.		ha.	a.	ca.	fr.	c.
1909..		3	55	3	55	19 ..					
1911..		39	63	52	09	19 ..					
19 ..						Continué au folio .					

Pour M. *Dupont* [illegible] *Pierre), charpentier, à Négrepont.*

19 . M.

19 . M.

	MUTATIONS.				DÉSIGNATION DES PARCELLES.						ÉVALUATION PRIMITIVE.					
	ENTRÉE.		SORTIE.													
	Année. 1	Tiré de 2	Année. 3	Porté à 4	SECTION. 5	NUMÉRO du plan. 6	LIEU-DIT. 7	CONTENANCE. 8			NATURE de culture ou de propriété. 9	Classe. 10	Revenu imposable. 11		12, 13, 14.	
								ha.	a.	ca.			fr.	c.		
1	*1909*	$\frac{5}{292}$			*A*	*292.*[illegible]	*La Plaine.*		*3*	*55*	*Terre*	*2*	*3*	*55*		1
2	*1911*	$\frac{2}{292.b}$				*292.*[illegible]	*Idem.*			*35*	*Idem.*	*2*		*35*		2
3	*1911*	$\frac{3}{5}, \frac{2}{4^{bis}.a}, \frac{4}{4^{bis}.b}$				*5.a*	*Les Valettes.*		*12*	*35*	*Vigne, terre.*	*2-2*	*10*	*61*		3
4	*1911*	*5*				*1*	*Idem.*		*13*	*49*	*Pré.*	*1*	*24*	*26*		4
5	*1911*	$\frac{6}{13}$				*13.b*	*Manonsères.*		*6*	*84*	*Terre.*	*1*	*10*	*25*		5
6	*1911*	$\frac{8}{292.c}$				*292.*[illegible]	*La Plaine.*		*3*	*05*	*Idem.*	*2*	*3*	*05*		6
7																7
8																8
9																9
10																10

(Folio de l'ancienne matrice .)

(Continué au folio , ligne)

de *Négrepont*.

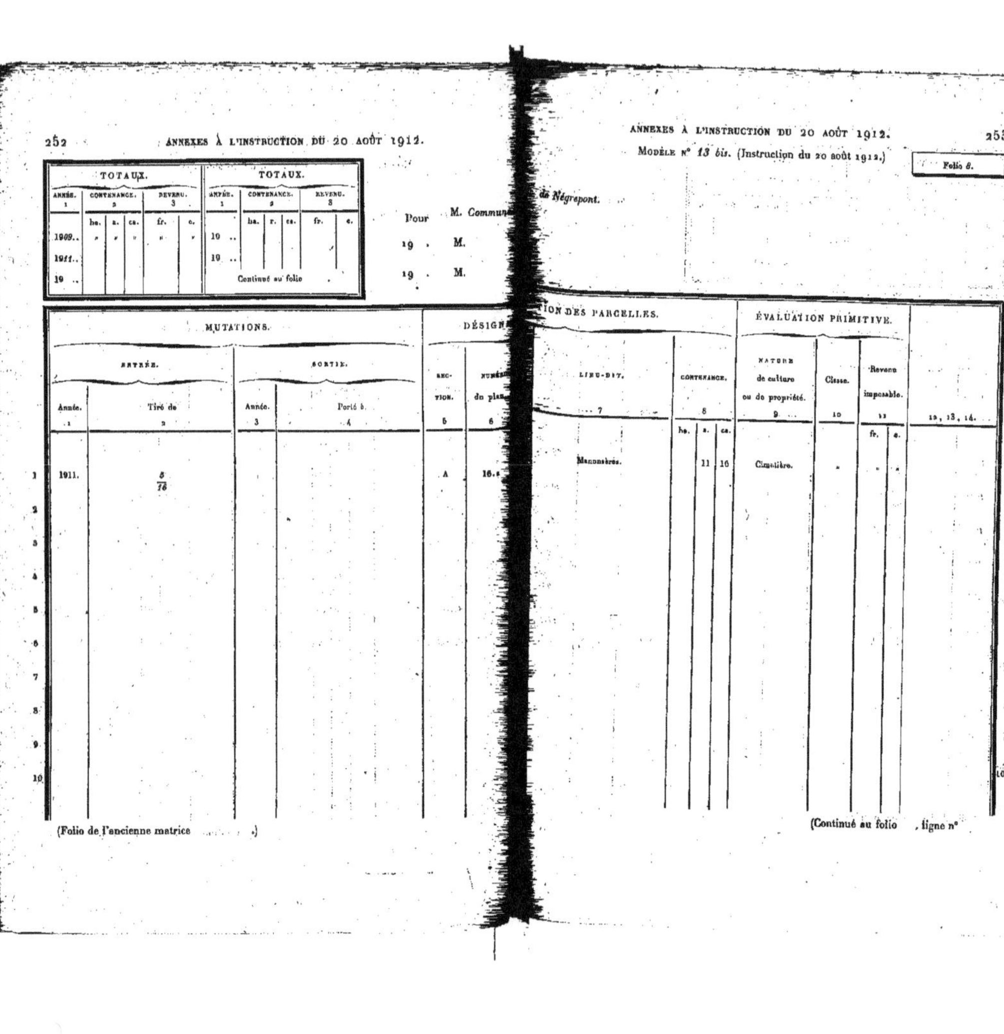

TOTAUX.					TOTAUX.					
ANNÉE. 1	CONTENANCE. 2			REVENU. 3		ANNÉE. 1	CONTENANCE. 2			REVENU. 3	
	ha.	a.	ca.	fr.	c.		ha.	r.	ca.	fr.	c.
1909..	"	"	"	"	"	10 ..					
1911..						10 ..					
19 ..						Continué au folio					

Pour M. Commune

19 . M.

19 . M.

	MUTATIONS.				DÉSIGNATION DES PARCELLES.			ÉVALUATION PRIMITIVE.			
	ENTRÉE.		SORTIE.		SEC-TION.	NUMÉRO du plan.	LIEU-DIT.	CONTENANCE.	NATURE de culture ou de propriété.	Classe.	Revenu imposable.	12, 13, 14.
	Année. 1	Tiré de 2	Année. 3	Porté à 4	5	6	7	8	9	10	11	
								ha. a. ca.			fr. c.	
1	1911.	5/76			A	16.«	Manonsérés.	11 16	Cimetière.	"	" "	1
2												2
3												3
4												4
5												5
6												6
7												7
8												8
9												9
10												10

(Folio de l'ancienne matrice   .)

(Continué au folio , ligne n°

Folio 9.

TOTAUX.			TOTAUX.		
ANNÉE. 2	CONTENANCE. 3	REVENU. 5	ANNÉE. 1	CONTENANCE. 2	REVENU. 3
	he. a. ca.	fr. c.		he. a. ca.	fr. c.
19 ..			19 ..		
19 ..			19 ..		
19 ..				Continué au folio	

Pour   M. *Suite*   *du folio 1.*

19 . M.

19 . M.

	MUTATIONS.			DÉSIGNATION DES PARCELLES.				ÉVALUATION PRIMITIVE.			
	ENTRÉE.		SORTIE.		SEC-TION.	NUMÉRO du plan.	LIEU-DIT.	CONTENANCE.	NATURE de culture ou de propriété.	Classe.	Revenu imposable.	12, 13, 14.
	Année. 1	Tiré de 2	Année. 3	Porté à 4	5	6	7	8	9	10	11	
								he. a. ca.			fr. c.	
1	1910	$\frac{1}{28\,bis}$, $\frac{2}{28}$			A	28.a	Le Breil.	6 38	Verger, terre.	1-1	12 47	1
2	1911	$\frac{1}{20}$. V.P.			A	20.a	Idem.	17 08	Terre.	2	17 06	2
3	1911	$\frac{1}{28}$, $\frac{1}{27}$				27.a	Idem.	3 50	Sol et cour.	1	6 25	3
4	1911	3				293.3	La Plaine.	10 78	Terre.	2	10 78	4
5	1911	3				293	Idem.	8 18	Idem.	$\frac{1}{2}$ 1, $\frac{1}{2}$ 2	10 22	5
6	1911	$\frac{3}{17.b}$, $\frac{5}{17.a}$				17.a	Maupastros.	19 28	Bois.	1	7 71	6
7												7
8												8
9												9
10												10

(Folio de l'ancienne matrice .)

(Continué au folio , ligne n° .)

MODÈLE N° 18 bis. (Instruction du 20 août 1912.) — Folio 10.

TOTAUX				TOTAUX			
ANNÉE. 1	CONTENANCE. 2		REVENU. 3	ANNÉE. 1	CONTENANCE. 2		REVENU. 3
	ha.	a.	ce.	fr.	c.		ha.	a.	ce.	fr.	c.
19 ..				19 ..			
19 ..				19 ..			
19 ..				Continué au folio			

Pour M.. Su... du folio 2.

19 . M.

19 . M.

	MUTATIONS.				DÉSIGNATION DES PARCELLES.						ÉVALUATION PRIMITIVE.			
	ENTRÉE.		SORTIE.		SEC-TION.	NUMÉRO du plan.	LIEU-DIT.	CONTENANCE.			NATURE de culture ou de propriété.	Classe.	Revenu imposable.	12, 13, 14.
	Année. 1	Tiré de 2	Année. 3	Porté à 4	5	6	7	8			9	10	11	
								ha.	a.	a.			fr.	c.
1	1909	5/292	1910	2/292.h	A	292.a	La Plaine.	0	91		Terre.	2	0	91
2	1910	4/292.b 2/292.a	1911	2/292.m 7/292.l		292.h	Idem.	7	56		Idem.	2	7	56
3	1911	1/2.b 2/2bis			A	2.c	Les Valettes.	4	03		Terre, pré.	1-1	6	41
4	1911	2/12 4/11				12.a	Manonères.	7	01		Sol et cour.	1	10	52
5	1911	2/14 2/6.b 1/321 /6.b				14.a	Idem.	16	07		Vigne.	2	11	25
6	1911	2/19 V. P.. 3/18				19.e	Le Breil.	17	09		Vigne, terre.	2-2	16	83
7	1911	2/292.h				292.k	La Plaine.	7	21		Terre.	2	7	21
8	1911	V. P..				322/10	Manonzères.	1	34		Sol de jeu de boules.	1	2	01
9														
10														

(Folio de l'ancienne matrice   .)

(Continué au folio   , ligne n°   .)

TOTAUX.					TOTAUX.				
ANNÉE. 1	CONTENANCE. 2			REVENU. 3	ANNÉE. 1	CONTENANCE. 2			REVENU. 3
	ha.	a.	cs.	fr. c.		ha.	a.	cs.	fr. c.
19 ..					19 ..				
19 ..					19 ..				
19 ..					Continué au folio				

Pour   M. *Suite*
19 . M.
19 . M.

MUTATIONS.				DÉSIGNA...	
ENTRÉE.		SORTIE.		SEC-TION.	NUMÉRO du plan.
Année. 1	Tiré de 2	Année. 3	Porté à 4	5	6
1 1910	$\frac{4}{296}$	1911	$\frac{4}{295.a}$	4	296.a
2 1911	$\frac{4}{21}$			A	21.a
3 1911	$\frac{4}{298.a}$ $\frac{5}{295}$				295.a
4 1911	$\frac{6}{13}$				13.a
5 1911	$\frac{6}{292.c}$				292.j
6					
7					
8					
9					
10					

(Folio de l'ancienne matrice   .)

du folio 4.

...TION DES PARCELLES.				ÉVALUATION PRIMITIVE.			
LIEU-DIT, 7	CONTENANCE. 8			NATURE de culture ou de propriété. 9	Classe. 10	Revenu imposable. 11	12, 13, 14.
	ha.	a.	cs.			fr.	
La Plaine.		7	45	Pré.	1	13 41	
Le Breil		11	28	Terre.	2	11 28	
La Plaine.		12	88	Pré.	1-2	21 56	
Mononères,		6	83	Terre.	1	10 25	
La Plaine.		3	05	Idem.	2	3 05	

(Continué au folio   , ligne n°   .)

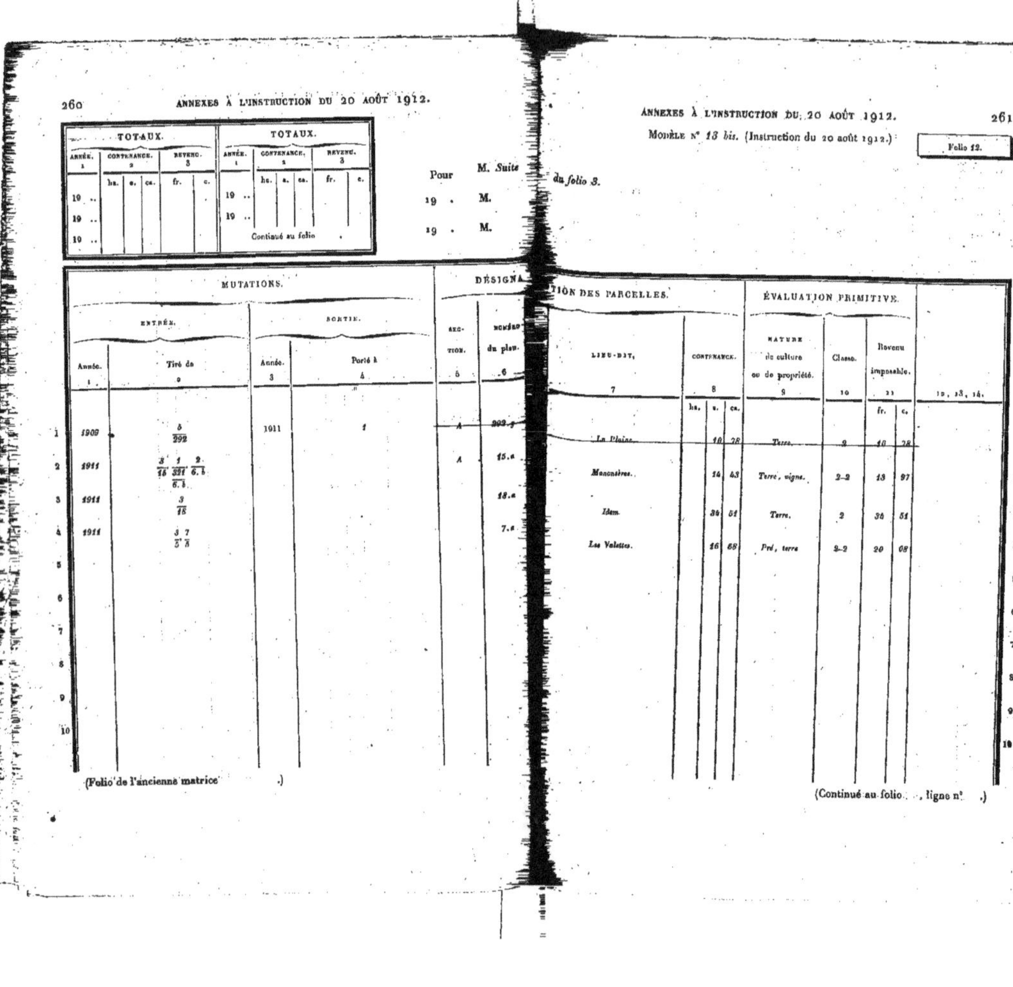

TOTAUX.			TOTAUX.		
ANNÉE. 1	CONTENANCE. 2	REVENU. 3	ANNÉE. 1	CONTENANCE. 2	REVENU. 3
	ha. e. ca.	fr. c.		ha. a. ca.	fr. c.
19 ..			19 ..		
19 ..			19 ..		
19 ..			Continué au folio　.		

Pour 19 . M. **Suite** du folio *3.*
19 . M.
19 . M.

MUTATIONS.				DÉSIGNATION DES PARCELLES.				ÉVALUATION PRIMITIVE.			
ENTRÉE.		SORTIE.									
Année. 1	Tiré de 2	Année. 3	Porté à 4	SEC-TION. 5	NUMÉRO du plan. 6	LIEU-DIT, 7	CONTENANCE. 8 (ha. a. ca.)	NATURE de culture ou de propriété. 9	Classe. 10	Revenu imposable. 11 (fr. c.)	12, 13, 14.
1　1909	$\frac{5}{292}$	1911	1	A	292.g	La Plaine.	10 78	Terre.	2	10 78	
2　1911	$\frac{3}{15}$ $\frac{1}{321}$ $\frac{2}{6.b}$ $\frac{}{6.b}$			A	15.a	Mononères.	14 43	Terre, vigne.	2-2	13 97	
3　1911	$\frac{3}{18}$				18.a	Idem.	34 51	Terre.	2	34 51	
4　1911	$\frac{3}{5}$ $\frac{7}{8}$				7.a	Les Valettes.	16 68	Pré, terre	2-2	20 08	
5											
6											
7											
8											
9											
10											

(Folio de l'ancienne matrice　.)

(Continué au folio　., ligne n°　.)

TOTAUX.			TOTAUX.		
ANNÉE. 1	CONTENANCE. 2	REVENU. 3	ANNÉE. 1	CONTENANCE. 2	REVENU. 3
	ha. a. ca.	fr. c.		ha. a. ca.	fr. c.
19 ..			19 ..		
19 ..			19 ..		
19 ..			Continué au folio .		

Pour M. Juin du folio 5.

19 . M.

19 . M.

MUTATIONS.				DÉSIGNATION DES PARCELLES.				ÉVALUATION PRIMITIVE.			
ENTRÉE.		SORTIE.									
Année. 1	Tiré de 2	Année. 3	Porté à 4	SEC-TION. 5	NUMÉRO du plan. 6	LIEU-DIT. 7	CONTENANCE. 8	NATURE de culture ou de propriété. 9	Classe. 10	Revenu imposable. 11	12, 13, 14.
							ha. a. ca.			fr. c.	
1911	5/16			A	16.b	Manchères.	9 44	Terre.	2	9 44	1
1911	4/23 5/24				25.a	Le Breil.	3 15	Sol et cour.	1	4 73	2
1911	5/24				25.b	Idem.	29	Idem.	1	43	3

(Folio de l'ancienne matrice .)   (Continué au folio , ligne n° .)

TOTAUX.			TOTAUX.		
ANNÉE. 1	CONTENANCE. 2	REVENU. 3	ANNÉE. 1	CONTENANCE. 2	REVENU. 3
	ha. a. ca.	fr. c.		ha. a. ca.	fr. c.
19 ..			19 ..		
19 ..			19 ..		
19 ..			Continué au folio .		

Pour　M. Suite du folio 6.

19　. M.

19　. M.

MUTATIONS.				DÉSIGNATION DES PARCELLES.			ÉVALUATION PRIMITIVE.			
ENTRÉE.		SORTIE.								
Année. 1	Tiré de 2	Année. 3	Porté à 4	SEC-TION. 5	NUMÉRO du plan. 6	LIEU-DIT. 7	CONTENANCE. 8	NATURE de culture ou de propriété. 9	Classe. 10	Revenu imposable. 11	12, 13, 14.
							ha. a. ca.			fr. c.	
1　1911	$\frac{6}{30}$, $\frac{6}{32}$			A	30.a	Le Breil.	2　38	Sol, pré.	1-1	4　00	1
2　1911	$\frac{6}{32}$				32.a	Idem.	8　61	Pré.	1	15　50	2
3　1911	$\frac{4}{21}$, $\frac{6}{30}$				34.a	Idem.	11　67	Terre.	2	11　67	3
4　1911	$\frac{1}{292}f$, $\frac{6}{294}e$				294.b	La Plaine.	17　32	Terre, pré.	2-1-1	23　19	4
5											5
6											6
7											7
8											8
9											9
10											10

(Folio de l'ancienne matrice .)

(Continué au folio , ligne n° .

18

EXEMPLE FICTIF N° VII.

FEUILLES DE MATRICE CADASTRALE

DES PROPRIÉTÉS BÂTIES.

Noᴛᴀ. — Dans le modèle de grandeur réelle chaque case comprend : 6 lignes pour l'inscription des noms, 10 lignes pour l'inscription des parcelles et 6 lignes pour les totaux. Le petit cadre imprimé à gauche des totaux est réglé à 5 lignes.

MUTATIONS		TIRÉ de	PORTÉ à	LIGNE.	SECTION.	NUMÉRO du PLAN.	LIEU-DIT, RUE ET NUMÉRO.	NATURE de LA PROPRIÉTÉ.	Époque de la confection de la matrice.	REVENU NET IMPOSABLE POUR LA PÉRIODE COMMENÇANT LE 1er JANVIER						OUVERTURES IMPOSABLES. Portes cochères, charret. ou de magasin.	Ouvertures ordinaires.
ANNÉE de l'entrée.	de la sortie.									fr. c.	fr. c.	fr. c.	fr. c.	fr. c.	fr. c.		
1	2	3	4	5	6	7	8	9	10	11	12	13	14	15	16	17	18

Case 1

Pour M. Artus (Louis), maréchal-ferrant, au Breil.
19 . M.

MUTATIONS		TIRÉ de	PORTÉ à	LIGNE.	SECTION.	NUMÉRO du PLAN.	LIEU-DIT.	NATURE.
1911		Démol.		1	A	20	Le Breil.	Atelier.
				2		27	Le Breil.	Maison.
				3				
				4				
				5				

LIGNE.	TIRÉ DE	LIGNE.	PORTÉ À	
				Total..........(
				Total..........(18
				Total..........(

Case 2

Pour M. Baron (Jean), aubergiste, au Breil.
19 . M.

MUTATIONS		TIRÉ de	PORTÉ à	LIGNE.	SECTION.	NUMÉRO du PLAN.	LIEU-DIT.	NATURE.
1911			$\frac{2}{12.a}$	1	A	12	Mononstres.	Maison.
1911		$\frac{2}{12}$ et AC		2	A	12.a	Mononstres.	Maison.
1911		C. N.		3	A	$\frac{322}{10}$	Mononstres.	Jeu de boul
				4				
				5				

LIGNE.	TIRÉ DE	LIGNE.	PORTÉ À	
				Total..........(
				Total..........(12
				Total..........(

MUTATIONS				LI-GNE.	SEC-TION.	NU-MÉRO du PLAN.	LIEU-DIT, RUE ET NUMÉRO.	NATURE de LA PROPRIÉTÉ.	REVENU NET IMPOSABLE							OUVERTURES IMPOSABLES.	
Année de l'entrée.	Année de la sortie.	Tiré de	Porté à						à l'époque de la confection de la matrice.	POUR LA PÉRIODE COMMENÇANT LE 1er JANVIER						Portes cochères, charret. ou de magasin.	Ouvertures ordinaires.
1	2	3	4	5	6	7	8	9	10	11	12	13	14	15	16	17	18
									fr. c.	fr. c.	fr. c.	fr. c.	fr. c.	fr. c.	fr. c.		

Case 3

Pour M. Lombreil (Jean), cultivateur, au Breil.
19.. M.

1	2	3	4	5	6	7	8	9	10	11	12	13	14	15	16	17	18
				1	A	29	Le Breil.	Maison.	225								16
				2													
				3													
				4													
				5					225								

| LIGNE. | TIRÉ DE | LIGNE. | PORTÉ À | TOTAL........................(|
| TOTAL........................(|
| TOTAL........................(|

Case 4

Pour M. Mallet (Émile), rentier, au Breil.
19.. M.

1	2	3	4	5	6	7	8	9	10	11	12	13	14	15	16	17	18
	1911	Démol.		1	A	11	Manonnières.	Maison.	130							1	8
	1911	$\frac{5}{24.a}$		2		23	Le Breil.	Maison.	90								7
1911.		C. N.		3	A	9	Manonnières.	Maison.	60								1 à 4
				4													
				5													

| LIGNE. | TIRÉ DE | LIGNE. | PORTÉ À | TOTAL........................(730 |
| TOTAL....................(1911)   6) |
| TOTAL........................(|

Case 5

Pour M. Maurou (Léopold), notaire, à Négrepont.
19 . M.

MUTATIONS — Année de l'entrée (1)	Année de la sortie (2)	Tiré de (3)	Porté à (4)	Ligne (5)	Section (6)	Numéro du plan (7)	Lieu-dit. Rue et numéro (8)	Nature de la propriété (9)	Revenu à l'époque de la confection de la matrice (10)	11	12	13	14	15	16	Portes cochères, charret. ou de magasin (17)	Ouvertures ordinaires (18)
	1911		5 / 24.a	1	A	26	Le Breil.	Maison.	120							9	
	1911	V. cadre.		2	A	24.a	Le Breil.	Maison.	210								
	1911	O. N.		3		24.b	Le Breil.	Écurie et re...	60							17	
				4													
				5													

Ligne.	Tiré de	Ligne.	Porté à	
2	4/23 et 5/24			Total.............. 180
				Total..............
				Total.............. 270

Case 6

Pour M. Saglan (Louis), charron, au Breil.
19 . M.

MUTATIONS — Année de l'entrée (1)	Année de la sortie (2)	Tiré de (3)	Porté à (4)	Ligne (5)	Section (6)	Numéro du plan (7)	Lieu-dit. Rue et numéro (8)	Nature de la propriété (9)	Revenu à l'époque de la confection de la matrice (10)	11	12	13	14	15	16	Portes cochères, charret. ou de magasin (17)	Ouvertures ordinaires (18)
1909		Démol.		1	A	30	Le Breil.	Atelier.	75								
				2		31	Le Breil.	Maison.	120							10	
1911		O. N.		3		30.a	Le Breil.	Atelier.	90							7	
				4													
				5													

Ligne.	Tiré de	Ligne.	Porté à	
				Total.............. 195
				Total.............. 120
				Total.............. 210

MUTATIONS.				LI-CNE.	SEC-TION.	NU-MÉRO du PLAN.	LIEU-DIT, RUE ET NUMÉRO.	NATURE de LA PROPRIÉTÉ.	REVENU NET IMPOSABLE							OUVERTURES IMPOSABLES.	
ANNÉE de l'entrée.	de la sortie.	TIRÉ de	PORTÉ à						à l'époque de la confection de la matrice.	POUR LA PÉRIODE COMMENÇANT LE 1ᵉʳ JANVIER						Portes cochères, charret. ou de magasin.	Ouvertures ordinaires.
1	2	3	4	5	6	7	8	9	10	11	12	13	14	15	16	17	18
									fr. c.	fr. c.	fr. c.	fr. c.	fr. c.	fr. c.	fr. c.		

Case 7

Pour   M. *Dupont (Pierre), charpentier, à Négrepont.*
19 . M.

1911		C. N.		1	A	292.1	La Plaine.	Atelier.	60							1 à 4
				2												
				3												
				4												
				5												

LIGNE.	TIRÉ DE	LIGNE.	PORTÉ À		
				Total.....................(1911)	60
				Total.....................( )	
				Total.....................( )	

Case

Pour   M.
19 . M.

				1												
				2												
				3												
				4												
				5												

LIGNE.	TIRÉ DE	LIGNE.	PORTÉ À	
				Total.....................( )
				Total.....................( )
				Total.....................( )

MODÈLES.

NOTA.

On a conservé aux modèles de feuilles intercalaires de matrices cadastrales et au modèle d'état de section, en ajoutant toutefois les mentions *bis* ou *ter*, les numéros des modèles correspondants employés, en conformité de la circulaire du 26 juin 1905, n° 371 (2ᵉ série), dans les communes qui ne sont pas soumises à la conservation. Ces modèles (nᵒˢ 5 *bis*, 6 *bis*, 13 *bis*, 14 *bis*, 15 *bis* et 15 *ter*) sont annexés ci-après à la présente Instruction, mais n'ont pas été numérotés dans la série qui lui est spéciale.

TABLE DES MODÈLES.

MUTATIONS.				LI	SEC-	NUMÉRO	LIEU-DIT,	NATURE
ANNÉE		TIRÉ	PORTÉ			MÉRO		
de	de la	de	à	GNE.	TION.	de	RUE ET NUMÉRO.	de
l'entrée.	sortie.					PLAN.		LA PROPRIÉTÉ
1	2	3	4	5	6	7	8	9

Case de l'ancienne matrice :

Pour
19 . . M.
19 . . M.
19 . . M.
19 . . M.
19 . . M.

				1 2 3				
10 m/m	10 m/m	10 m/m	15 m/m	6 m/m	9 m/m	14 m/m	40 m/m	20 m/m
				4 5 6 7 8 9 10				

LIGNE.	TIRÉ DE		LIGNE.	PORTÉ À		TOTAL............
						TOTAL............
	Cadre à régler à 5 lignes.					TOTAL............
						TOTAL............
						TOTAL............
						TOTAL............

2e case de la page.

Mêmes dispositions qu'à la première.

Format in-folio raisin.

MODÈLE N° 5 *bis.*

Instruction
du 20 août 1912.

REVENU NET IMPOSABLE								OUVERTURES IMPOSABLES.	
à l'époque de la confection de la matrice.	POUR LA PÉRIODE COMMENÇANT LE 1ᵉʳ JANVIER							Portes coch., charr. ou de mag⁵ⁱⁿ.	Ouvertures ordinaires.
10	11	12	13	14	15	16		17	18
fr. | c.	fr. | c.	fr. | c.	fr. | c.	fr. | c.	fr. | c.	fr. | c.			

Case :

16 ᵐ/ᵐ.   16 ᵐ/ᵐ.   16 ᵐ/ᵐ.   16 ᵐ/ᵐ.   16 ᵐ/ᵐ.   16 ᵐ/ᵐ.   16 ᵐ/ᵐ.   9 ᵐ/ᵐ.   12 ᵐ/ᵐ.

Continuée
à la case :
....

2ᵉ case de la page.
Mêmes dispositions qu'à la première.

Modèle n° 6 bis.

Instruction
du 20 août 1912.

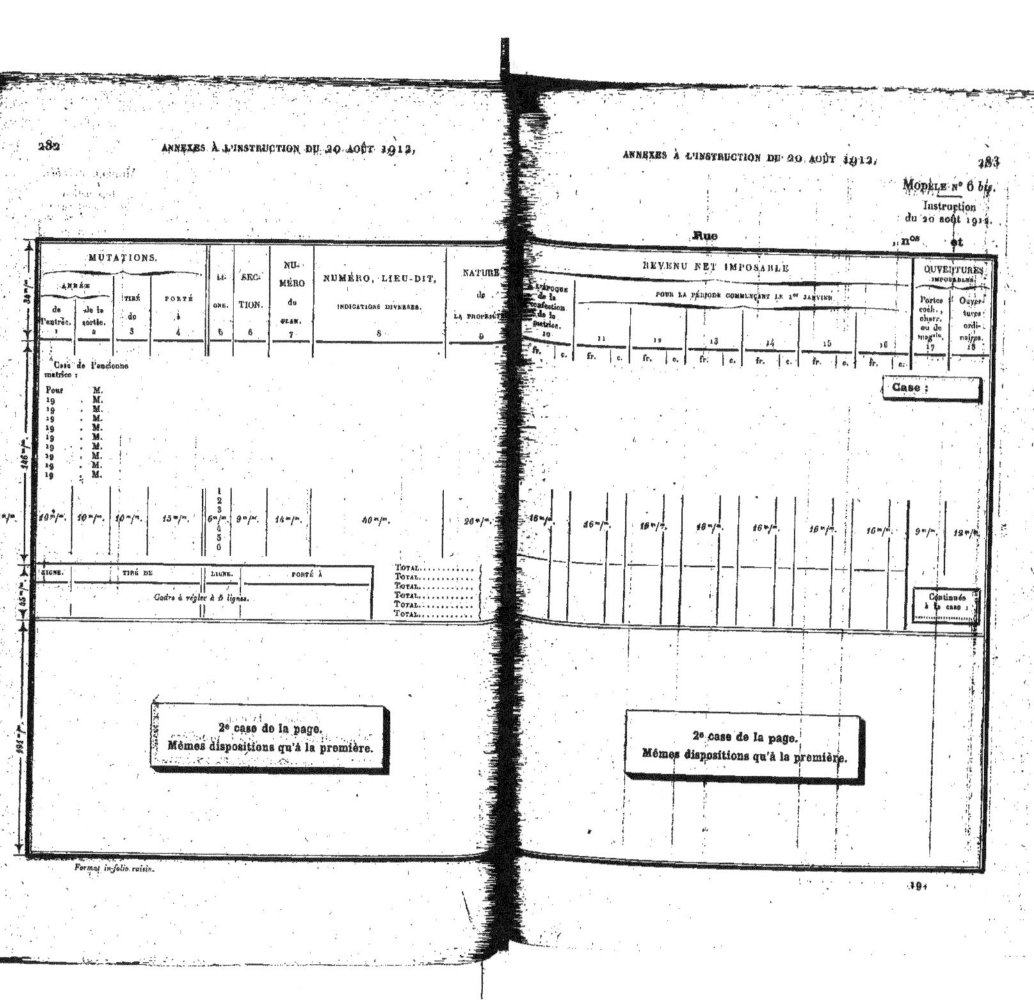

TOTAUX.			TOTAUX.				
ANNÉE. 1	CONTENANCE. 2	REVENU. 3	ANNÉE. 1	CONTENANCE. 2	REVENU. 3	Pour	M.
	ha.	a.	ca.	fr.	c.		ha.	a.	ca.	fr.	c.	19	M.
19			19				
19			19			19	M.
19			19				
19			19				
19			19			19	M.
19			19				
19			19				
19			19			19	M.
19			19				
19			Continué au folio :				

85 m/m. — 104 m/m.

MUTATIONS.				DÉSIGNATION DES PA...		
ENTRÉE.		SORTIE.		SEC-TION.	NUMÉRO	
Année. 1	Tiré de 2	Année. 3	Porté à 4	5	du plan. 6	LIEU DIT. 7
1						
2						
3						
10 m/m.	30 m/m.	10 m/m.	30 m/m.	9 m/m.	18 m/m.	46 m/m.

34 m/m. — Marge 20 m/m. — 35

(Folio de l'ancienne matrice : .)

Format in-folio raisin. Cadre à régler à 35 lignes.

Modèle n° 13 *bis*. (Instruction du 20 août 1912.)   Folio :

...CELLES.	ÉVALUATION PRIMITIVE.			PREMIÈRE RÉVISION.		
CONTENANCE. 8	NATURE DE CULTURE ou de propriété. 9	CLASSE. 10	REVENU imposable. 11	NATURE DE CULTURE ou de propriété. 12	CLASSE. 13	REVENU imposable. 14
ha.	a.	ca.			fr.	c.			fr.	c.
						1
						2
						3
20 m/m.	23 m/m.	12 m/m.	15 m/m.	23 m/m.	12 m/m.	15 m/m.

35

(Continué au folio , ligne n° .)

Rue

TOTAUX.				
ANNÉE.	CONTENANCE.			REVENU.
	he.	a.	ce.	fr.	c.
19				
19				
19				
19				
19				
19				
19				
19				
19				
19				

Pour　M.
19　.　M.
19　.　M.
19　.　M.
19　.　M.
19　.　M.
19　.　M.
19　.　M.
19　.　M.
19　.　M.

(Folio de l'ancienne matrice :　　　.)

Marge 20 m/m. — 100 m/m. — 115 m/m.

MUTATIONS.				DÉSIGNATION DES PARCELLES.		
ENTRÉE.		SORTIE.		SEC-TION.	NUMÉROS du plan.	NUMÉRO DE LA RUE, lieu dit, indications diverses.
Année. 1	Tiré de 2	Année. 3	Porté à 4	5	6	7
16 m/m.	30 m/m.	10 m/m.	30 m/m.	9 m/m.	18 m/m.	46 m/m.

2e case de la page.
Mêmes dispositions qu'à la première.

Modèle N° 14 bis. (Instruction du 20 août 1912.)

, n°

Folio :

ÉVALUATION PRIMITIVE.			PREMIÈRE RÉVISION.		
CONTENANCE.	NATURE DE CULTURE ou de propriété. 9	CLASSE. 10	REVENU imposable. 11	NATURE DE CULTURE ou de propriété. 12	CLASSE. 13	REVENU imposable. 14
he.	a.	ce.			fr.	c.			fr.	c.
20 m/m.	23 m/m.	12 m/m.	15 m/m.	23 m/m.	12 m/m.	15 m/m.

1 2 3 4 5 6 7 8 9 10

2e case de la page.
Mêmes dispositions qu'à la première.

Format in-folio raisin. Dans chacune des deux cases, 10 lignes pour les noms, 10 lignes pour les totaux, 10 lignes pour les parcelles.

DIRECTION GÉNÉRALE
DES
CONTRIBUTIONS
DIRECTES
ET DU CADASTRE.

MODÈLE N° 15 *bis*.

Instruction
du 20 août 1912.

DÉPARTEMENT

d ———

ARRONDISSEMENT

d ———

d   Canton

———

d   Commune

CADASTRE.

(Loi du 17 mars 1898.)

ÉTAT DE SECTION

DES PROPRIÉTÉS FONCIÈRES.

SECTION .... DITE D..

COMPOSITION DE LA SECTION
d'après le Tableau indicatif.

	CONTE-NANCE. 1			REVENU IMPOSABLE des propriétés bâties. 2		non bâties. 3	
	ha.	a.	ca.	fr.	c.	fr.	c.

I. — PROPRIÉTÉS IMPOSABLES.

§ 1 du résumé de la section au Tableau indicatif........................

II. — PROPRIÉTÉS NON IMPOSABLES.

Propriétés détaillées au tableau indicatif.	Cimetières, églises, chapelles. — Mairies, écoles et jardins y attenant, etc...............						
				"	"	"	"
				"	"	"	"
				"	"	"	"
Objets ne figurant pas au tableau indicatif.	Cours d'eau..................			"	"	"	"
	Routes, chemins, rues, places publiques, etc......			"	"	"	"
	Rochers, glaciers, ravins, etc............			"	"	"	"
	....			"	"	"	"
	....			"	"	"	"
Contenance totale des propriétés non imposables........				"	"	"	"
TOTAUX GÉNÉRAUX de la section............							

CERTIFIÉ EXACT par le Directeur des Contributions directes et du Cadastre soussigné.

A   , le   19

Section

NUMÉRO du PLAN.	LIEU-DIT, RUE ET NUMÉRO.	CONTENANCE.			NATURE de LA PROPRIÉTÉ.	CLASSE.	REVENU IMPO-SABLE.	CASE OU FOLIO de la matrice cadastrale.	RÉFÉRENCES RELATIVES A LA MODIFICATION							OBSERVATIONS.
									DES PARCELLES SUPPRIMÉES.		DES PARCELLES CRÉÉES.					
									Année de la suppression.	Nouvelle désignation.	Année de la création.	Origine et composition des parcelles.				
												Précédente désignation.	Contenance.	Nature de la propriété.	Classe.	Revenu imposable.	
1	2	ha.	a.	c.	4	5	fr. c.	7	8	9	10	11	ha. a. c.	13	14	fr. c.	16
		3					6						12			15	
14 m/m.	35 m/m.	20 m/m.			22 m/m.	12 m/m.	15 m/m.	12 m/m.	10 m/m.	14 m/m.	10 m/m.	14 m/m.	20 m/m.	22 m/m.	12 m/m.	15 m/m.	25 m/m.

Voir la suite case complémentaire n°

Le modèle de grandeur réelle comprendra huit cases à la page ; chaque case sera réglée à six lignes. Les 3e et 4e pages seront identiques à la présente.

Marge 20 m/m.

30 m/m

Format in-folio raisin.

SECTION   CASES. COMPLÉMENTAIRES.

NUMÉROS des cases.	NUMÉRO du PLAN.	LIEU-DIT. RUE ET NUMÉRO.	CONTENANCE.	NATURE de LA PROPRIÉTÉ.	CLASSE.	REVENU IMPOSABLE.	CASE DU FOLIO de la matrice cadastrale.	RÉFÉRENCES RELATIVES À LA MODIFICATION								OBSERVATIONS.
								DES PARCELLES supprimées.		DES PARCELLES CRÉÉES.						
												Origine et composition des parcelles.				
								Année de la suppression.	Nouvelle désignation.	Année de la création.	Précédente désignation.	Contenance.	Nature de la propriété.	Classe.	Revenu imposable.	
	1	2	3	4	5	6	7	8	9	10	11	12	13	14	15	16
			ha.	a.	c.		fr.	c.						ha.	a.	c.		fr.	c.	
14 m/m.	38 m/m.	20 m/m.	92 m/m.	12 m/m.	15 m/m.	12 m/m.	10 m/m.	14 m/m.	10 m/m.	14 m/m.	20 m/m.	22 m/m.	12 m/m.	15 m/m.	25 m/m.	

Voir la suite case complémentaire n°

Marge 20 m/m.

Le modèle de grandeur réelle comprendra huit cases à la page; chaque case sera réglée à six lignes.
Les quatre pages du modèle seront identiques à la présente.

Format in-folio raisin.

DIRECTION GÉNÉRALE
DES
CONTRIBUTIONS
DIRECTES
ET DU CADASTRE.

DÉPARTEMENT

COMMUNE

MODÈLE N° 1.

Instruction
du 20 août 1912.

CONSERVATION DU CADASTRE.

(Loi du 17 mars 1898.)

TOURNÉE DE *19*   POUR *19*

PROPRIÉTÉS NON BÂTIES.

ÉTAT

présentant la composition et l'origine des parcelles créées pour 19   et le relevé des augmentations et diminutions de matière imposable constatées pour ladite année.

NOTA. — Le présent état est dressé par le conservateur suivant les règles tracées par l'Instruction du 20 août 1912 (voir notamment les articles 100 à 103), additionné et récapitulé par lui.

Les colonnes 8 et 14 sont remplies par la Direction (art. 75 et 76 de l'Instruction précitée). Toutes les inscriptions relatives à des parcelles non imposables à porter dans les colonnes 9, 19 et 22 sont faites à l'encre rouge. En ce qui concerne cette catégorie de parcelles, la contenance est indiquée pour mémoire dans la colonne d'observations et on porte des guillemets dans les colonnes 10, 12 et 13.

Format in-folio écu.

SITUATION ANCIENNE D'APRÈS LA MATRICE CADASTRALE.							SITUATION NOUVELLE.							EN PLUS pour augmentation de matière imposable.		EN MOINS pour DISPARITION de matière imposable.		LIEU-DIT,	NUMÉRO	OBSERVATIONS.	NATURE
Section	Numéro du plan.	Contenance.	Nature de la propriété.	Classe.	Revenu imposable.	Folio de la matrice cadastrale.	Case complémentaire de l'état de section où la parcelle a été inscrite.	Numéro du plan.	Contenance.	Nature de la propriété. (D'après les indications de la colonne 4.)	Classe.	Revenu imposable.	portion auquel le parcelle a été matière imposable.	Contenance.	Revenu imposable.	Contenance.	Revenu imposable.	RUE ET NUMÉRO.	de l'extrait de l'enregistrement.	Motifs des mutations non justifiées par des extraits de l'enregistrement et des impositions et suppressions de matière imposable.	de la propriété au moment des travaux de conservation. (D'après les constatations faites sur le terrain.)
1	2	3	4	5	6	7	8	9	10	11	12	13	14	15	16	17	18	19	20	21	22
		ha. a. ca.			fr. c.				ha. a. ca.			fr. c.			fr. c.	ha. a. ca.	fr. c.				
12 =/=	14 =/=	20 7 =/=	30 =/=	12 =/=	15 =/=	10 =/=	11 =/=	14 =/=	20 =/=	30 =/=	12 =/=	15 =/=	10 =/=		15 =/=	20 =/=	15 =/=	30 =/=	10 =/=	85 =/=	30 =/=

   page,
TOTAUX...

À régler à 35 lignes.

BALANCE.

	CONTE-NANCE.			RE-VENU IMPO-SABLE.	
	ha.	a.	ca.	fr.	c.
Situation ancienne (col. 3 et 6)...					
Augmentations (col. 15 et 16)....					
TOTAUX ÉGAUX...........					

	CONTE-NANCE.			RE-VENU IMPO-SABLE.	
	ha.	a.	ca.	fr.	
Situation nouvelle (col. 10 et 13)i					
Diminutions (col. 17 et 18)....					

Le présent état comprenant, tant en situation ancienne qu'en situation nouvelle, ... inscriptions de parcelles a été établi par le Conservateur soussigné, qui en certifie l'exactitude.

   A   , le   19 .

La mise à jour de l'état de section de la Direction a été opérée, en ce qui concerne les ....parcelles comprises au présent état, par M.

   A   , le   19 .

Le Contrôleur des Contributions directes soussigné certifie que l'état de section déposé à la mairie a été mis à jour par ses soins en ce qui concerne les............parcelles comprises au présent état.

   A   , le   19 .

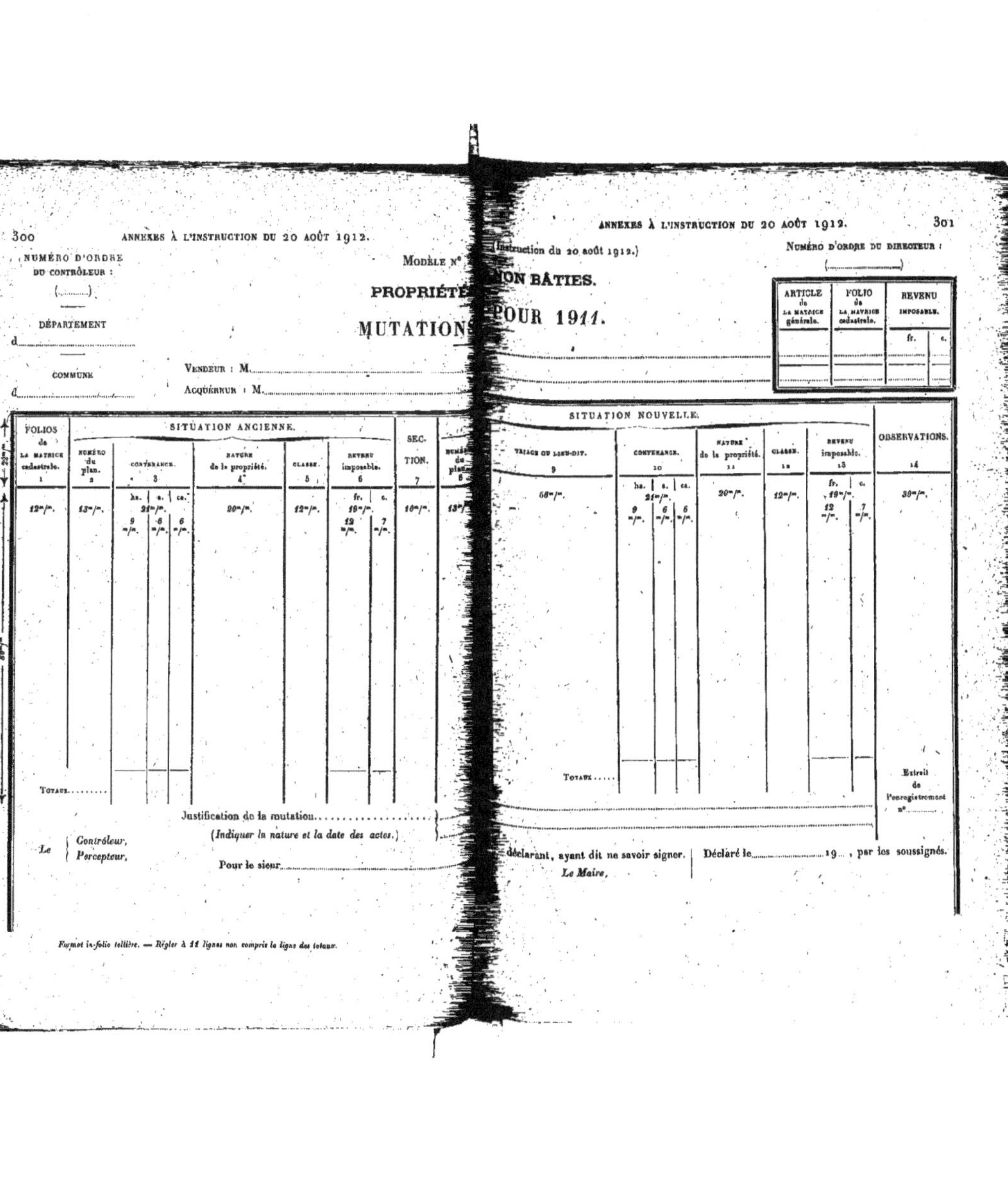

MODÈLE N°

PROPRIÉTÉ[S] [N]ON BÂTIES.

MUTATIONS [...] POUR 1911.

(Instruction du 20 août 1912.)

NUMÉRO D'ORDRE DU CONTRÔLEUR :

(..........)

DÉPARTEMENT

d

COMMUNE

d

VENDEUR : M

ACQUÉREUR : M

NUMÉRO D'ORDRE DU DIRECTEUR :

(..........)

ARTICLE de LA MATRICE générale.	FOLIO de LA MATRICE cadastrale.	REVENU IMPOSABLE.	
		fr.	c.

SITUATION ANCIENNE.

FOLIOS de LA MATRICE cadastrale. 1	NUMÉRO du plan. 2	CONTENANCE. 3			NATURE de la propriété. 4	CLASSE. 5	REVENU imposable. 6		SEC- TION. 7	NUMÉRO du plan. 8
		ha.	a.	ca.			fr.	c.		
12"/"	13"/"	21"/"			20"/"	12"/"	18"/"		16"/"	13"/"
		9 "/"	6 "/"	6 "/"			12 "/"	7 "/"		

SITUATION NOUVELLE.

TRIAGE OU LIEU-DIT. 9	CONTENANCE. 10			NATURE de la propriété. 11	CLASSE. 12	REVENU imposable. 13		OBSERVATIONS. 14
	ha.	a.	ca.			fr.	c.	
68"/"	21"/"			20"/"	12"/"	19"/"		30"/"
	9 "/"	6 "/"	6 "/"			12 "/"	7 "/"	

TOTAUX........

Justification de la mutation....................
(Indiquer la nature et la date des actes.)

Le { Contrôleur, Percepteur,

Pour le sieur...................

TOTAUX.......

Extrait de l'enregistrement n°

déclarant, ayant dit ne savoir signer.   Déclaré le..............19..., par les soussignés.

Le Maire,

Format in-folio tellière. — Régler à 11 lignes non compris la ligne des totaux.

DIRECTION GÉNÉRALE
DES
CONTRIBUTIONS
DIRECTES
ET DU CADASTRE.

DÉPARTEMENT
d ....

Conservation
du
cadastre de la commune
d ....

A........................., le...................19.... .

MODÈLE N° 3.
—

Instruction
du 20 août 1912.

LE CONSERVATEUR DU CADASTRE

à M. le Maire de la commune d...

J'ai l'honneur de vous faire connaître que je me rendrai dans votre commune le........................à...........heures du...................pour procéder aux opérations annuelles de la conservation du cadastre.

Je vous adresse...............affiches destinées à en prévenir les intéressés et à leur indiquer qu'ils me trouveront à la mairie les...

....

de...........heures.....à:.............heures.... du matin et de.................heures.....

à........... heures .... du soir et que j'opérerai sur le terrain les..............................

....

Je vous serais reconnaissant de vouloir bien faire publier l'avis dont il s'agit par les moyens habituels et faire placarder les affiches sur les principaux points de la commune.

Vous voudrez bien me réserver pour la période susindiquée la disposition des documents cadastraux (plan, matrices cadastrales et générale, états de section), ainsi que celle du registre de déclarations des constructions nouvelles, additions de construction, etc., tenu pour l'exécution de la loi du 8 août 1890.

[illegible]

[illegible]

[illegible]

[illegible]

[illegible]

[illegible]

[illegible]

[illegible]

[illegible]

[illegible]

[illegible]

[illegible]

[illegible]

<table>
<tr><td>

DÉPARTEMENT
d ....

COMMUNE
d ....

</td><td>

RÉPUBLIQUE FRANÇAISE.

CONSERVATION DU CADASTRE.
(Loi du 17 mars 1898.)

</td><td>

MODÈLE N° 4.

Instruction
du 20 août 1912.

</td></tr>
</table>

CONSTATATION ANNUELLE
des changements survenus dans la configuration des propriétés.

MM. les propriétaires fonciers de la commune sont informés que le Conservateur du cadastre se tiendra à la mairie les...

de............... heures du matin à ....heures et de................heures du soir à............. heures pour recevoir leurs déclarations au sujet des modifications à apporter sur le plan cadastral à la configuration de leurs propriétés par suite des changements résultant de ventes, échanges, donations, partages, construction, démolition ou transformation de bâtiments, etc., et pour s'entendre avec eux sur le jour et l'heure auxquels les constatations nécessaires seront faites en leur présence sur le terrain.

Les intéressés devront être munis des titres et documents justificatifs des mutations à opérer, et pourront remettre au Conservateur le procès-verbal de délimitation ou de bornage dressé en exécution de l'article 9 de la loi du 17 mars 1898, s'ils ne l'ont pas fait parvenir antérieurement à l'Administration.

Les propriétaires sont invités à marquer sur le terrain, contradictoirement avec leurs confrontants, les limites qui ne seraient pas encore matérialisées par des bornes ou des piquets et à indiquer par des jalons les bornes qui ne seraient pas bien visibles.

Ceux des intéressés qui ne se présenteront pas à la mairie auront à prendre leurs dispositions, s'ils veulent assister aux opérations, pour se trouver sur les parcelles en cause au moment où le Conservateur s'y transportera, dans le cours des journées des... 19.........

En leur absence comme en leur présence, ce dernier, d'après la jouissance, les bornes et piquets, et, le cas échéant, les indications des extraits d'actes translatifs de propriété communiqués par le Service de l'enregistrement, procédera à la fixation provisoire des nouvelles limites.

Cette fixation provisoire devient définitive, suivant les dispositions de la loi du 17 mars 1898, si dans le délai d'un an les confrontants n'ont pas constaté leur accord au sujet d'une limite différente par la production d'un procès-verbal de délimitation ou de bornage dressé par leurs soins et certifié par eux et dont ils trouveront en tout temps un modèle à la mairie, ou s'ils n'ont pas introduit une action judiciaire en vue de faire déterminer la limite par l'autorité compétente.

Les propriétaires ont dès lors tout intérêt à assister au travail du Conservateur afin d'y défendre et faire valoir leurs droits.

A.. , le.................................,19......

Le Maire,

Format in-folio raisin.

[illegible]

[illegible]

[illegible]

[illegible]

[illegible]

A........................ , le........................19....   MODÈLE N° 5.

Instruction
du 20 août 1912.

LE CONSERVATEUR DU CADASTRE

à M..

à ....

J'ai l'honneur de vous faire connaître que les renseignements transmis par le Service de l'Enregistrement, au sujet de l'acte intervenu à la date du........................entre vous et M..

et relatif à une propriété située au lieu dit..
dans la commune d.., sont insuffisants pour permettre d'opérer avec certitude la mutation correspondante.

Je vous serais obligé en conséquence de vouloir bien présenter à la mairie de ladite commune, où je me trouverai les..

de .... heures à .... heures du matin et de .... heures à .... heures du soir afin de me donner communication de l'acte ci-dessus visé, de me fournir tous éclaircissements nécessaires, et, le cas échéant, de prendre jour avec moi pour assister sur les lieux aux mesurages que je dois faire en vue de figurer sur le plan cadastral les nouvelles limites de votre propriété. Au cas où ces limites ne seraient pas déjà marquées sur le terrain par des bornes, des piquets ou autres signes matériels visibles, vous voudriez bien combler cette lacune contradictoirement avec vos confrontants.

Je ne saurais trop vous engager à répondre à ma convocation afin d'éviter toute erreur et de sauvegarder vos droits en cas de besoin.

Je dois en effet, en votre absence comme en votre présence, fixer la position des limites, soit d'après le procès-verbal de délimitation, s'il en a été produit et s'il concorde avec l'état des lieux, soit d'après la jouissance, les bornes et les piquets, ou, à défaut, d'après les indications des extraits d'actes translatifs de propriété communiqués par le Service de l'enregistrement. Cette fixation provisoire devient définitive, d'après les dispositions de la loi du 17 mars 1898, si dans le délai d'un an les confrontants n'ont pas constaté leur accord au sujet d'une limite différente par la production d'un procès-verbal de délimitation ou de bornage dressé par leurs soins et certifié par eux, et dont ils trouveront en tout temps le modèle à la mairie, ou s'ils n'ont pas introduit une action judiciaire en vue de faire déterminer la limite par l'autorité compétente.

Format in-quarto carré.

MODÈLE N° 6.

TION GÉNÉRALE
DES
TRIBUTIONS
DIRECTES
DU CADASTRE.

DÉPARTEMENT

COMMUNE

ection
feuille.

CONSERVATION DU CADASTRE.
(Loi du 17 mars 1898.)

CROQUIS D'ARPENTAGE indiquant à l'échelle du $\frac{1}{}$ la configuration ancienne des parcelles énumérées au tableau figurant au verso et plan présentant leur configuration nouvelle à l'échelle du plan cadastral ($\frac{1}{}$).

Instruction
du 20 août 1912.

Tournée de 19...,
pour 19.....

Extrait
de l'enregistrement
n°..........

Changements
appliqués :
sur
le plan de la Direction
le.................(1).
sur
le plan de la commune
le.....................

(1) Nombre de parcelles : (N. B.) .... ; (B.) ....

Dressé à................, le........................, par le Conservateur soussigné.

Reconnu exact et approuvé par les soussignés, propriétaires intéressés.

A................, le................191....

Le Conservateur a adressé copie du croquis la situation nouvelle aux intéressés ci-après n'ont pas signé l'approbation ci-contre :

Le................191...., à M.................
Le................191...., à M.................
Le................191...., à M.................

Suites de chaque communication.

Les récépissés de la poste sont collés au verso de la présente feuille.

Format in-folio écu sur papier parcheminé transparent.

TABLEAU donnant la composition et l'origine des nouvelles parcelles figurées au plan.

LIEU-DIT.	SITUATION ANCIENNE.				SITUATION NOUVELLE.			
	ANCIEN propriétaire.	NUMÉRO du plan.	CONTENANCE.	REVENU cadastral.	NUMÉRO du plan.	CONTENANCE.	REVENU cadastral.	NOUVEAU propriétaire.
1	2	3	4	5	6	7	8	9
37ᵐ/ᵐ.	53ᵐ/ᵐ.	12ᵐ/ᵐ.	ha. | a. | ca. 20ᵐ/ᵐ.	fr. | c. 14ᵐ/ᵐ.	12ᵐ/ᵐ.	ha. | a. | ca. 20ᵐ/ᵐ.	fr. | c. 14ᵐ/ᵐ.	53ᵐ/ᵐ.
	Régler à 12 lignes.							

RÉCÉPISSÉS DES ENVOIS RECOMMANDÉS MENTIONNÉS AU RECTO.
(À coller ci-dessous.)

DIRECTION GÉNÉRALE
DES
CONTRIBUTIONS
DIRECTES
ET DU CADASTRE.

DÉPARTEMENT

d......................

COMMUNE

d......................

CONSERVATION DU CADASTRE.
(Loi du 17 mars 1898.)

PROPRIÉTÉS BÂTIES.

État des modifications constatées par le conservateur du cadastre dans la configuration des propriétés bâties.

MODÈLE Nº 7.

Instruction
du 20 août 1912.

Tournée
de 19.............
pour 19.........

SEC-TION. 1	NU-MÉRO du plan. 2	SITUATION ANCIENNE. NATURE de la pro-priété. 3	RE-VENU net. 4	NOM du propriétaire. 5	CASE de la ma-trice. 6	INDICA-TION des MODIFICA-TIONS constatées. 7	SITUATION NOUVELLE. NU-MÉRO du plan. 8	NATURE de la pro-priété. 9	NOM, PRÉNOMS, profession et demeure du nouveau propriétaire. 10	CASE de la ma-trice. 11	SUITE DONNÉE par le contrôleur(1). 12
10ᵐ/ᵐ.	12ᵐ/ᵐ.	20 ᵐ/ᵐ.	fr.|c. 15ᵐ/ᵐ.	25 ᵐ/ᵐ.	10ᵐ/ᵐ.	30 ᵐ/ᵐ.	12ᵐ/ᵐ.	20 ᵐ/ᵐ.	40 ᵐ/ᵐ.	10ᵐ/ᵐ.	31 ᵐ/ᵐ.

(1) Indiquer qu'il y a eu imposition foncière ou suppression pour telle année, ou que le renseignement a été consigné au registre des constructions nouvelles ou qu'il n'y a pas lieu à imposition foncière pour tel motif.

Format in-folio écu. — Cadre à régler à 25 lignes.

Même cadre
qu'à la première page du modèle,
et même renvoi au bas de la page.

Même cadre
qu'à la première page du modèle,
et même renvoi au bas de la page.

Même cadre
qu'à la première page du modèle,
et même renvoi au bas du cadre.

Dressé par le Conservateur du Cadastre soussigné,

A.........................., le..........................19... .

Le Contrôleur des Contributions dir... soussigné certifie avoir utilisé les donné... présent état, conformément aux indicati... de la colonne 12.

A........................., le..........................19...

Nombre de parcelles de propriétés bâties mutées à l'état de section : ....

L'applicateur soussigné certifie l'exactitude du nombre ci-dessus et déclare avoir opéré la mise à jour de l'état de section pour 19 .

A........................., le..........................19... .

Le Contrôleur soussigné certifie que l... de section de la commune a été mis à ... par ses soins et que le nombre de parcell... propriétés bâties mutées sur ce documen... d'après les résultats de sa vérification, de...

A........................., le..........................19...

DIRECTION GÉNÉRALE
DES
CONTRIBUTIONS
DIRECTES
ET DU CADASTRE.

DÉPARTEMENT
d......................................

COMMUNE
d......................................

MODÈLE N° 8.

CONSERVATION DU CADASTRE.
(Loi du 17 mars 1898.)

Instruction
du 20 août 1912.

A......................., le.......................191.......

LE CONSERVATEUR DU CADASTRE

à M...

à ....

J'ai l'honneur de vous adresser ci-joint un calque reproduisant, à l'échelle du plan cadastral, la nouvelle configuration de.................parcelle.........que vous possédez au lieu dit .... dans la commune d.........................et qui se trouve..... modifiée.... par suite (1) de l'acte intervenu à la date du...........................entre vous et M...

Le tableau porté au verso de la présente feuille indique les nouvelles désignations cadastrales, l'origine et la composition d.........parcelle........en question.

En l'absence du procès-verbal de délimitation prévu par l'article 9 de la loi du 17 mars 1898, qu'il vous appartenait de produire, et à défaut de votre présence aux opérations sur le terrain, j'ai dû procéder d'office à une fixation provisoire des limites d'après l'état des lieux, les indications des extraits d'actes fournis par le Service de l'Enregistrement et tous les renseignements que j'ai pu obtenir.

Dans le cas où la situation figurée sur le calque correspondrait à vos droits et à la réalité des faits, je vous serais obligé de revêtir de votre signature la feuille sur laquelle ledit calque est établi et d'en faire le renvoi comme il est indiqué ci-après en même temps que celui de la présente lettre.

Dans le cas contraire vous auriez à produire un procès-verbal de délimitation ou de bornage signé de vous et de vos confrontants et constatant votre accord au sujet de limites différentes de celles indiquées au calque. Un spécimen de ce procès-verbal est déposé en tout temps à la mairie, où vous pouvez le consulter.

J'appelle votre attention sur le fait que, suivant les dispositions de la loi du 17 mars 1898, les limites que j'ai déterminées à titre provisoire seront définitives si, dans le délai d'un an à partir de la réception de la présente lettre, vous n'avez pas fait parvenir à l'Administration le procès-verbal de délimitation ou de bornage dont il vient d'être question ou justifié de l'introduction devant l'autorité judiciaire compétente d'une action tendant à faire fixer vos limites.

Je crois devoir enfin vous signaler que la mise à jour des plans du cadastre n'étant effectuée qu'une fois par an, vers le 15 mars, vous retarderiez d'une année le moment de l'application des changements vous concernant, si vous usiez de la totalité du délai qui vous est accordé par la loi pour faire connaître votre adhésion à mon travail ou fournir le procès-verbal permettant de le modifier. Il est dès lors de votre intérêt de donner suite le plus tôt possible à la présente communication.

Toutes les pièces à produire à cet effet doivent être adressées à M. le Directeur des Contributions directes et du Cadastre à ...., soit directement, soit par l'intermédiaire du maire.

---

(1) Substituer, le cas échéant, à la mention qui suit celle de toute autre cause de changement.

Papier parcheminé transparent. — Format in-folio écu.

Section

Tableau donnant la composition et l'origine des nouvelles parcelles figurées au ca...

LIEU-DIT.	ANCIEN propriétaire.	SITUATION ANCIENNE.				NUMÉRO du plan.	SITUATION NOUVELLE.		NOUVEAU propriétaire.
		NUMÉRO du plan.	CONTENANCE.		REVENU impo- sable.		CONTENANCE.	REVENU impo- sable.	
1	2	3	4		5	6	7	8	9
			ha. | a. | ca.		fr. | c.		ha. | a. | ca.	fr. | c.	
37 m/m.	53 m/m.	12 m/m.	20 m/m.		14 m/m.	12 m/m.	20 m/m.	14 m/m.	53 m/m.

Réglor. à 25 lignes.

Le tableau ci-dessus et le calque ci-annexé, conformes aux documents originaux dressés
Conservateur soussigné, sont adressés à M. ....
à ....
pour valoir communication des résultats de la délimitation et de l'arpentage des parcelles
la configuration a été modifiée.

A .... le 191

EXPLICATIONS COMPLÉMENTAIRES.

<table>
<tr><td>COMMUNE</td><td style="text-align:center"># CALQUE</td><td>SECTION ....
..........ᵉ feuille.</td></tr>
</table>

présentant la nouvelle configuration et les limites des parcelles inscrites au tableau ci-contre.

RECONNU EXACT et approuvé par le soussigné.

A ...., le .... 191.......

DIRECTION GÉNÉRALE
DES
CONTRIBUTIONS
DIRECTES
ET DU CADASTRE.

DÉPARTEMENT

....

COMMUNE

....

CONSERVATION DU CADASTRE.
(Loi du 17 mars 1898.)

*BORDEREAU d'envoi des documents
relatifs aux opérations de conservation.*

MODÈLE N° 9.

Instruction
du 20 août 1912.

Tournée
de 19.............
pour 19.............

NU-MÉRO D'ORDRE. 1	DÉSIGNATION DES DOCUMENTS. 2	NOMBRE de PIÈCES trans-mises. 3	D'ÉLÉMENTS compris dans ces pièces : Parcelles non bâties. 4	Parcelles bâties. 5
10 m/m.	149 m/m.	12 m/m.	12 m/m.	12 m/m.
1	Croquis (mod. n° 6) définitifs appliqués sur le plan de la commune...........................	....	....	....
	Croquis (modèle n° 6) définitifs à appliquer sur le plan de la Direction :			
2	Croquis établis pendant les tournées précédentes.........	....	"	"
3	Croquis établis pendant la tournée actuelle............	....	....	....
	Croquis (mod. n° 6) non définitifs :			
4	Croquis établis pendant les tournées précédentes.........	....	"	"
5	Croquis établis pendant la tournée actuelle............	....	....	....
	Les croquis mentionnés à la ligne 5 ont donné lieu à l'établissement et à l'envoi aux intéressés de .... calques (mod. n° 8) comprenant .... parcelles de propriétés non bâties et .... parcelles de propriétés bâties.			
6	Extraits d'actes translatifs de propriété utilisés ou annotés.	....	"	"
7	État (mod. n° 1)................................	....	....	
8	État (mod. n° 7)................................	....	"	....
9	État (mod. n° 10) annoté des explications du Conservateur.............................	....	"	"
10	Note relative aux infractions à l'article 9 de la loi du 17 mars 1898.............................	....	"	"
	....	....	....	....

Le Conservateur soussigné a l'honneur de transmettre à Monsieur le Directeur les documents ci-dessus mentionnés et certifie l'exactitude des nombres consignés dans les colonnes 2, 3, 4 et 5.

A......................, le......................191.....

DIRECTION GÉNÉRALE
DES
CONTRIBUTIONS
DIRECTES
ET DU CADASTRE.

DÉPARTEMENT
d.......................

COMMUNE
d.......................

CONSERVATION DU CADASTRE.
(Loi du 17 mars 1898.)

ÉTAT des constructions nouvelles, démolitions ou modifications de propriétés bâties qui n'ont fait l'objet d'aucune communication du conservateur.

MODÈLE Nº 10.

Instruction
du 20 août 1912.

.........ᵉ Division.

CONTRÔLE
d.......................

Tournée
de 19.........
pour 19.........

SEC-TION.	NUMÉRO DU PLAN.		NATURE de la PRO-PRIÉTÉ.	NOM du PROPRIÉTAIRE.	CASE de la MA-TRICE.	RE-VENU NET.	NATURE de la MODIFICA-TION.	SUITE DONNÉE et EXPLICATIONS du conservateur.
	ANCIEN.	NOU-VEAU.						
1	2	3	4	5	6	7	8	9
10 ᵐ/ᵐ.	12 ᵐ/ᵐ.	12 ᵐ/ᵐ.	20 ᵐ/ᵐ.	25 ᵐ/ᵐ.	10 ᵐ/ᵐ.	fr. | c. 15 ᵐ/ᵐ.	30 ᵐ/ᵐ.	61 ᵐ/ᵐ.

Format in-folio tellière. — Cadre à régler à 20 lignes.

Même cadre qu'au recto.

Dressé par le Contrôleur soussigné,

A................., le................ 191........

Utilisé par le Conservateur soussigné, qui se réfère aux explications consignées dans la colonne 9.

A................., le................ 191........

<table>
<tr><td>

MINISTÈRE
DES
FINANCES.

DIRECTION GÉNÉRALE
DES
CONTRIBUTIONS
DIRECTES
ET DU CADASTRE.

DÉPARTEMENT

COMMUNE

</td><td>

CONSERVATION DU CADASTRE.
(Loi du 17 mars 1998.)

ANNÉE 19 .

MÉMOIRE

des travaux exécutés pendant l'année 19........ par

M................................, conservateur du

cadastre, demeurant à ....

</td><td>

MODÈLE N° 11.

Instruction
du 20 août 1912.

Le timbre de dimen-
sion des mémoires et
celui des quittances
fournis à l'État sont à
la charge des particu-
liers (Loi du 13 bru-
maire an VII).

</td></tr>
</table>

DÉSIGNATION DES TRAVAUX EFFECTUÉS. 1	NOMBRE D'ÉLÉMENTS de base. 2	PRIX par UNITÉ. 3	MONTANT de LA DÉPENSE. 4
	12 m/m.	fr. | c. 14 m/m.	fr. | c. 16 m/m.
Ensemble du travail : indemnité fixe par commune........			
Application des croquis sur le plan de la commune. { Nombre de croquis............			
Nombre de parcelles non bâties..			
Nombre de parcelles bâties.....			
Examen et annotation des extraits d'actes translatifs de propriétés................................			
Établissement et envoi aux intéressés des calques (mod. n° 8). { Nombre de calques...........			
Nombre de parcelles non bâties..			
Nombre de parcelles bâties.....			
Établissement des croquis. { Nombre de croquis...........			
Nombre de parcelles non bâties..			
Nombre de parcelles bâties.....			
TOTAL........................			

Certifié le présent mémoire s'élevant à la somme totale de (1)................................

A................, le................ 191.......
Le Conservateur,

Le Directeur des Contributions directes soussigné atteste que les travaux ci-dessus détaillés ont été exécutés suivant les conditions réglementaires et dans les délais convenus et arrête le présent mémoire à la somme totale de (1) ....

A................, le................ 191.......

(1) Somme en toutes lettres.

Format du papier timbré à 60 centimes (25cm × 17cm,68).

MINISTÈRE
DES
FINANCES.

DIRECTION GÉNÉRALE
DES
CONTRIBUTIONS
DIRECTES
ET DU CADASTRE.

DÉPARTEMENT
d..............................

CONSERVATION DU CADASTRE.
(Loi du 17 mars 1898.)

ANNÉE 19 .

MODÈLE N° 12.

Instruction
du 20 août 1912.

DÉCOMPTE

des sommes acquises pour travaux exécutés pendant l'année 19............ : 1° aux géomètres du Service technique ou aux agents remplissant les fonctions de conservateur du cadastre; 2° à divers créanciers pour travaux extraordinaires.

NOTA. — Le présent décompte est établi en double expédition par le Directeur au vu des documents du dossier de conservation dès l'arrivée à la Direction du rapport sur la tournée générales des mutations dans lequel le contrôleur a rendu compte de l'exécution du travail.

En tête des inscriptions relatives à chaque commune, on fait figurer à l'encre rouge (col. 14 à 21 et 23 à 25) les taux d'indemnités qui y sont applicables; on mentionne sur la même ligne, dans l'espace occupé par les colonnes 2 à 13, la date de l'arrêté qui a fixé ces taux.

Les colonnes 29 à 31 ne sont remplies qu'en ce qui concerne les ayants droit placés sous le régime de l'arrêté ministériel du 15 avril 1907 maintenu en vigueur par l'article 1er, 3°, du décret du 28 juillet 1911.

Après avoir été vérifiées, les données comprises dans chaque décompte sont reportées à la 2ᵉ partie des registres de comptabilité (mod. n° 14) des diverses communes intéressées. Au moment de l'émission des mandats, celles de la colonne 31 seront en outre consignées dans la colonne 4 du compte ouvert à chaque ayant droit dans le registre (mod. n° 20) annexé à l'Instruction du 15 décembre 1911.

Les sommes portées dans la colonne 32 sont récapitulées par ayant droit à la fin de l'état.

Format in-folio écu.

21..

COMMUNES.	NOM, QUALITÉ et demeure des ayants droit.	BASES DES INDEMNITÉS.											TAUX (entre		
		Une commune.	APPLICATION des croquis sur le plan de la commune.			EXAMEN des extraits d'actes translatifs de propriété; nombre d'extraits utilisés ou annotés	ÉTABLISSEMENT et envoi aux intéressés des calques (mod. n° 8).			ÉTABLISSEMENT des croquis.			Par commune.	APPLICATION des croquis sur le plan de la commune.	
			Nombre de croquis.	Nombre de parcelles non bâties.	Nombre de parcelles bâties.		Nombre de calques.	Nombre de parcelles non bâties.	Nombre de parcelles bâties.	Nombre de croquis.	Nombre de parcelles non bâties.	Nombre de parcelles bâties.		Par croquis.	Par parcelle non bâtie.
1	2	3	4	5	6	7	8	9	10	11	12	13	14	15	16
													fr. | c.	fr. | c.	fr. | c.
30 m/m.	45 m/m.	10 m/m.	10 m/m.	10 m/m.	10 m/m.	10 m/m.	10 m/m.	10 m/m.	10 m/m.	10 m/m.	10 m/m.	10 m/m.	12 m/m.	12 m/m.	12 m/m.
TOTAUX...															

(1) En ce qui concerne les ayants droit autres que les géomètres du Service technique, on devra reproduire dans cette colonne les sommes déjà portées dans la colonne 8.

Cadre à régler à 35 lignes.

MONTANT (encre noire) DES INDEMNITÉS.

ÉTABLISSEMENT et envoi aux intéressés des calques (mod. n° 8).			TOTAL des colonnes 14 à 21.	ÉTABLISSEMENT des croquis.			TOTAL des colonnes 23 à 25.	DÉPENSES extraordinaires suivant états d'indemnités ou mémoires joints.	TOTAL général par sommes et par partie prenante (col. 22 + col. 26 + col. 27).	RENSEIGNEMENTS RELATIFS AU PRÉLÈVEMENT de 4 p. o/o au profit de la Caisse nationale des retraites sur les sommes dues aux géomètres.		Total de la retenue.	PART NETTE revenant personnellement à l'ayant droit (col. 28 — col. 31). (1)	OBSERVATIONS. Indiquer ici les pièces jointes et la nature de la dépense qu'elles concernent.
Par calque.	Par parcelle non bâtie.	Par parcelle bâtie.		Par croquis.	Par parcelle non bâtie.	Par parcelle bâtie.				Sur le total de la col. 22 (4 p. o/o de la col. 22).	Sur les 3/4 de la col. 26 (3 p. o/o de la col. 26).			
19	20	21	22	23	24	25	26	27	28	29	30	31	32	33
fr. | c.	fr. | c.	fr. | c.	fr. | c.	fr. | c.	fr. | c.	fr. | c.	fr. | c.	fr. | c.	fr. | c.	fr. | c.	fr. | c.	fr. | c.	fr. | c.	
12 m/m.	12 m/m.	12 m/m.	14 m/m.	12 m/m.	12 m/m.	12 m/m.	14 m/m.	12 m/m.	16 m/m.	12 m/m.	12 m/m.	12 m/m.	14 m/m.	43 m/m.

Le Directeur des Contributions directes et du Cadastre soussigné atteste que les travaux mentionnés d'autre part ont été exécutés suivant les conditions réglementaires. Il certifie l'exactitude des indications portées dans le présent décompte qu'il arrête à la somme totale de (1)...

A .... le .... 19.......

(1) Total en toutes lettres de la colonne 3z.

MINISTÈRE
DES
FINANCES.

DIRECTION GÉNÉRALE
DES
CONTRIBUTIONS
DIRECTES
ET DU CADASTRE.

DÉPARTEMENT

MODÈLE N° 13.

Instruction
du 20 août 1912.

CONSERVATION DU CADASTRE.
(Loi du 17 mars 1898.)

ANNÉE 19........

ÉTAT

des sommes acquises aux agents des Contributions directes et du Cadastre pour travaux de conservation exécutés pendant l'année 19........ (Mise à jour du plan de la Direction et des états de section de la Direction et de la commune).

NOTA. — Le présent état est rédigé en double expédition dès que le contrôleur a justifié, par production du certificat de réintégration des pièces cadastrales à la mairie, de l'exécution du travail de mise à jour de l'état de section.

En tête des inscriptions relatives à chaque commune on fait figurer à l'encre rouge (col. 8 à 14) les taux d'indemnités qui y sont applicables; on rappelle sur la même ligne dans l'espace occupé par les colonnes 2 à 7 la date de l'arrêté qui a fixé ces taux.

Les sommes portées dans la colonne 15 sont récapitulées par ayant droit à la fin de l'état.

Format in-folio tellière.

COMMUNES.	NOM, QUALITÉ ET DEMEURE des ayants droit.	BASES DES INDEMNITÉS.					TAUX (encre rouge) ET MONTANT (encre noire) des indemnités.								OBSERVATIONS.
		APPLICATION des croquis sur le plan de la Direction			APPLICATION des mutations sur les états de section		DIRECTEUR.					CONTRÔLEUR.		TOTAL par commune et par ayant droit.	
		Nombre de croquis.	Nombre de parcelles non bâties.	Nombre de parcelles bâties.	Nombre de parcelles non bâties.	Nombre de parcelles bâties.	Par croquis (col. 3).	Par parcelle non bâtie (col. 4).	Par parcelle bâtie (col. 5).	Par parcelle non bâtie (col. 6).	Par parcelle bâtie (col. 7).	Par parcelle non bâtie (col. 6).	Par parcelle bâtie (col. 7).		
1	2	3	4	5	6	7	8	9	10	11	12	13	14	15	16
40 m/m.	55 m/m.	20 m/m.	20 m/m.	20 m/m.	20 m/m.	20 m/m.	18 m/m.	18 m/m.	18 m/m.	18 m/m.	18 m/m.	18 m/m.	18 m/m.	18 m/m.	51 m/m.
							fr. | c.	fr. | c.	fr. | c.	fr. | c.	fr. | c.	fr. | c.	fr. | c.	fr. | c.	
Totaux.......															

Arrêté le présent état à la somme totale de (1) ....

A .... , le .... 19 ....

Le Directeur des Contributions directes et du Cadastre,

(1) Somme en toutes lettres.

MINISTÈRE
DES
FINANCES.

DIRECTION GÉNÉRALE
DES
CONTRIBUTIONS
DIRECTES
ET DU CADASTRE.

DÉPARTEMENT
d.........................

COMMUNE
d.........................

MODÈLE Nº 14.

Instruction
du 20 août 1912.

CONSERVATION DU CADASTRE.

(Loi du 17 mars 1898.)

REGISTRE

DE COMPTABILITÉ DES FRAIS DE CONSERVATION

DU CADASTRE.

NOTA. — Les tableaux I, II, III de la première partie du registre sont utilisés dans les conditions précisées à l'article 152 de l'Instruction du 20 août 1912, pour la surveillance et la constatation de la réalisation des versements annuels prévus au budget de la conservation, pour la détermination des reliquats non employés à comprendre dans les ressources de l'année suivante et enfin pour l'inscription des crédits délégués.

La deuxième partie du registre est destinée à présenter le montant des droits constatés et celui des mandats délivrés. Elle est remplie suivant les indications données aux articles 153 et 155 de l'Instruction.

Les renseignements portés sur le registre sont indiqués sommairement, dans l'état de situation (modèle nº 21), annexé à l'Instruction du 15 décembre 1911, que le Directeur est tenu de fournir trimestriellement à la Direction générale.

PREMIÈRE PARTIE.

I. — SITUATION DES VERSEMENTS DE FONDS.

NOTA. — Le présent tableau sera rempli au fur et à mesure de la réalisation des versements prévus au budget (mod. n° 7, III, Conservation) et totalisé (col. 4, 8 et 12) par année.

SUBVENTION DE L'ÉTAT.						SUBVENTION DU DÉPARTEMENT.				CONTINGENT DE LA COMMUNE.			
Ordonnances.			Montant de l'ordonnance.	Date		Date de la demande de mandatement par Préfet.	Somme mandatée au nom de la commune.	Date		Date de la demande de versement.	Versements au Trésor (fonds de concours).		Date
Exercice.	Numéro.	Date.		du reversement au Trésor (fonds de concours).	de l'envoi à la Direction générale de la déclaration de versement.			du reversement au Trésor (fonds de concours).	de l'envoi à la Direction générale de la déclaration de versement.		Montant du versement.	du versement.	de l'envoi à la Direction générale de la déclaration de versement.
1	2	3	4	5	6	7	8	9	10	11	12	13	14
			francs.				francs.				francs.		
15m/m	10mm	18m/m	18m/m	15m/m	15m/m	15m/m	18m/m	15m/m	16m/m	15m/m	13m/m	15m/m	18m/m

Régler à 20 lignes.

PREMIÈRE PARTIE.

I. — SITUATION DES VERSEMENTS DE FONDS.

Le présent tableau sera rempli au fur et à mesure de la réalisation des versements au budget (mod. n° 7, III, Conservation) et totalisé (col. 4, 8 et 12) par année.

SUBVENTION DE L'ÉTAT.						SUBVENTION DU DÉPARTEMENT.				CONTINGENT DE LA COMMUNE.			
Ordonnances.			Montant de l'ordonnance.	Date		Date de la demande de mandatement par Préfet.	Somme mandatée au nom de la commune.	Date		Date de la demande de versement.	Versements au Trésor (fonds de concours).		Date
	Numéro.	Date.		du reversement au Trésor (fonds de concours).	de l'envoi à la Direction générale de la déclaration de versement.			du reversement au Trésor (fonds de concours).	de l'envoi à la Direction générale de la déclaration de versement.		Montant du versement.	du versement.	de l'envoi à la Direction générale de la déclaration de versement.
	2	3	4	5	6	7	8	9	10	11	12	13	14
			francs.				francs.				francs.		
10mm	18m/m	13m/m	15m/m	15m/m	15m/m	13m/m	15m/m	18m/m	15m/m	13m/m	15m/m	13m/m	

Régler à 20 lignes.

COMMUNE
d............................

PREMIÈRE PARTIE. (Suite.)

II. — COMPOSITION ET EMPLOI DES RESSOURCES ANNUELLES RÉALISÉES, DÉTERMINATION DES RELIQUATS ANNUELS.

COMPOSITION DES RESSOURCES.	ORIGINE DES RESSOURCES.						TOTAL des RESSOURCES.		OBSERVATIONS.
	ÉTAT (o/o).		DÉPARTEMENT (o/o).		COMMUNE (o/o).				
1	2		3		4		5		6
	fr.	c.	fr.	c.	fr.	c.	fr.	c.	
50ᵐ/ᵐ.	20ᵐ/ᵐ.		20ᵐ/ᵐ.		20ᵐ/ᵐ.		20ᵐ/ᵐ.		65ᵐ/ᵐ.
Reliquats (1) de 19									
Versements de 19									Subvention de l'État : (Décision ministérielle du .) (Tableau [mod. n° 5] reçu le .)
Totaux (Ressources de 19).									
Dépenses de 19									
Reliquats de 19									
Versements de 19									Subvention de l'État : (Décision ministérielle du .) (Tableau [mod. n° 5] reçu le .)
Totaux (Ressources de 19).									
Dépenses de 19									
Reliquats de 19									
Versements de 19									Subvention de l'État : (Décision ministérielle du .) (Tableau [mod. n° 5] reçu le .)
Totaux (Ressources de 19).									
Dépenses de 19									
Reliquats de 19									
Versements de 19									Subvention de l'État : (Décision ministérielle du .) (Tableau [mod. n° 5] reçu le .)
Totaux (Ressources de 19).									
Dépenses de 19									
Reliquats de 19									
Versements de 19									Subvention de l'État : (Décision ministérielle du .) (Tableau [mod. n° 5] reçu le .)
Totaux (Ressources de 19).									
Dépenses de 19									
Reliquats de 19									

(1) Le reliquat à inscrire pour la première année de conservation est celui qui figure au tableau B du compte général des travaux de renouvellement (mod. n° 18). Au cas où ce document n'aurait pas encore été établi on porterait provisoirement comme reliquat l'excédent prévu au budget (tableau II, col. 10).

ANNEXES À L'INSTRUCTION DU 20 AOÛT 1912. 339

COMMUNE
....

PREMIÈRE PARTIE. (Suite.)

COMPOSITION ET EMPLOI DES RESSOURCES ANNUELLES RÉALISÉES, DÉTERMINATION DES RELIQUATS ANNUELS.

COMPOSITION DES RESSOURCES.	ORIGINE DES RESSOURCES.						TOTAL des RESSOURCES.		OBSERVATIONS.
	ÉTAT (o/o).		DÉPARTEMENT (o/o).		COMMUNE (o/o).				
1	2		3		4		5		6
	fr.	c.	fr.	c.	fr.	c.	fr.	c.	
50ᵐ/ᵐ.	20ᵐ/ᵐ.		20ᵐ/ᵐ.		20ᵐ/ᵐ.		20ᵐ/ᵐ.		65ᵐ/ᵐ.
Reliquats (1) de 19									
Versements de 19									Subvention de l'État : (Décision ministérielle du .) (Tableau [mod. n° 5] reçu le .)
Totaux (Ressources de 19).									
Dépenses de 19									
Reliquats de 19									
Versements de 19									Subvention de l'État : (Décision ministérielle du .) (Tableau [mod. n° 5] reçu le .)
Totaux (Ressources de 19).									
Dépenses de 19									
Reliquats de 19									
Versements de 19									Subvention de l'État : (Décision ministérielle du .) (Tableau [mod. n° 5] reçu le .)
Totaux (Ressources de 19).									
Dépenses de 19									
Reliquats de 19									
Versements de 19									Subvention de l'État : (Décision ministérielle du .) (Tableau [mod. n° 5] reçu le .)
Totaux (Ressources de 19).									
Dépenses de 19									
Reliquats de 19									
Versements de 19									Subvention de l'État : (Décision ministérielle du .) (Tableau [mod. n° 5] reçu le .)
Totaux (Ressources de 19).									
Dépenses de 19									
Reliquats de 19									

(1) Le reliquat à inscrire pour la première année de conservation est celui qui figure au tableau B du compte général des travaux de renouvellement (mod. n° 18). Au cas où ce document n'aurait pas encore été établi on porterait provisoirement comme reliquat l'excédent prévu au budget (tableau II, col. 10).

COMMUNE

d...........................

PREMIÈRE PARTIE. (Suite.)

III. — CRÉDITS DÉLÉGUÉS (FONDS DE CONCOURS).

EXER-CICE.	ORDONNANCES DE DÉLÉGATION.		MONTANT des CRÉDITS délégués.	EXER-CICE.	ORDONNANCES DE DÉLÉGATION.		MONTANT des CRÉDITS délégués.
	Numéro.	Date.			Numéro.	Date.	
1	2	3	4	1	2	3	4
			fr. | c.				fr. | c.
18ᵐ/ᵐ.	18ᵐ/ᵐ.	40ᵐ/ᵐ.	20ᵐ/ᵐ.	18ᵐ/ᵐ.	18ᵐ/ᵐ.	40ᵐ/ᵐ.	20ᵐ/ᵐ.

Cadre à régler à 22 lignes.

COMMUNE

REGISTRE

DE COMPTABILITÉ DES FRAIS DE CONSERVATION
DU CADASTRE.

DEUXIÈME PARTIE.

ENREGISTREMENT DES DROITS CONSTATÉS
ET DES MANDATS DÉLIVRÉS.

Commune d ....

DROITS CONSTATÉS. — MANDATS DÉLIVRÉS.

INDICATION du document constatant les droits.		NOM, qualité et demeure des ayants droit.	MONTANT DES INDEMNITÉS				RETENUE DE 4 P. 100 à mandater à charge de versement à la Caisse nationale des retraites pour la vieillesse.			SOMME à mandater au profit exclusif de l'ayant droit (col. 7 — col. 10).	OBSERVATIONS. (Indiquer ici la nature des indemnités comprises dans la colonne 6 et, le cas échéant, la date de la décision autorisant les dépenses extraordinaires).	MANDATS DÉLIVRÉS. Mandatement des sommes portées dans la colonne 11, des sommes à verser à la Caisse nationale des retraites et, le cas échéant, des appoints non susceptibles de versement attribués à l'ayant droit en fin d'année.		
Date.	Nature (Mémoire (mod. n°), décompte (mod. n°), etc.).	des ayants droit.	passibles de la retenue 4 p. o/o sur la totalité.	sur les 3/4.	non passibles de retenue.	Total.	4 p. o/o de la colonne 4.	3 p. o/o de la colonne 5.	Total.			Numéro du mandat.	Date.	Somme comprise dans le mandat.
1	2	3	4	5	6	7	8	9	10	11	12	13	14	15
			fr.	c.	fr.	c.	fr.	c.	fr.	c.	fr.	c.	fr.	c.	fr.	c.			fr.	c.
25m/m.	30m/m.	60m/m.	20m/m.	20m/m.	20m/m.	20m/m.	20m/m.	20m/m.	20m/m.	20m/m.	60m/m.	15m/m.	20m/m.	20m/m.

Cadre à régler à 22 lignes.

www.ingramcontent.com/pod-product-compliance
Lightning Source LLC
LaVergne TN
LVHW050414060726
842524LV00002B/572